全民相对论

凤凰视频原创部

编著

中国言实出版社

图书在版编目（CIP）数据

全民相对论.2 / 凤凰视频原创部编著. -- 北京：
中国言实出版社，2015.12
　ISBN 978-7-5171-1553-3

　Ⅰ.①全… Ⅱ.①凤… Ⅲ.①时事评论－中国 Ⅳ.
①D609.9

　中国版本图书馆CIP数据核字（2015）第225255号

责任编辑：史会美

出版发行 中国言实出版社
　　　　地　址：北京市朝阳区北苑路180号加利大厦5号楼105室
　　　　邮　编：100101
　　　　编辑部：北京市西城区百万庄大街甲16号五层
　　　　邮　编：100037
　　　　电　话：64924853（总编室）64924716（发行部）
　　　　网　址：www.zgyscbs.cn
　　　　E-mail: zgyscbs@263.net
经　销 新华书店
印　刷 重庆市白合印刷厂印刷
版　次 2015年12月第1版　2015年12月第1次印刷
规　格 890毫米×1240毫米　1/32　10印张
字　数 239千字
定　价 36.00元　ISBN 978-7-5171-1553-3

目录 contents

序：网络打开一个新的可能

闾丘露薇

　　我并不是《全民相对论》的唯一主持，准确地说，我是最迟的一位，当然不希望，我是最后一位。

　　我已在美国，身份已经从媒体人转变成为一个全职学生，但是我确定的知道，如果以后，还有机会，能够继续主持这档节目的话，我会毫不犹豫地飞到北京。因为对于像我这样一个有了二十年电视经验的媒体人来说，更能够深刻地体会到，网络给公共议题的讨论，给公共讨论的传播，曾经带来的新的可能。

　　从电视直播间，到网络节目的录制现场，我惊讶于网络节目的制作水准，一点也不比电视节目低。录制一个带有现场观众的节目，是很多电视节目主持人以及节目制作团队所期待做的事情，所以对我个人来说，凤凰网为我提供了一个实现梦想的机会。

　　说到现场观众，在这里要感谢我的那些微博粉丝，他们有的甚至特地从外地来到北京，来参加节目的录制。一个好的有现场观众的节目，关键在于现场观众的参与，每次录制，听到大家从不同角度表达观点，总是会有让人精神为之一振的瞬间。

　　当然还要感谢那么多愿意来参与录制节目的嘉宾。这里一定要提的当然是每期节目的编导，他们从全国各地请来嘉宾、相关事件的当事人。有些时候，嘉宾已经跨越了国境，而因为依靠技术，才让世界各地的声音和视频出现在节目现场。

和电视相比，我喜欢网络节目的一个最重要的原因，那就是可以讨论的话题的多元和深入。两会紧贴的热门话题，网络上热议的事件，急需要推动的公共政策，在过去这些年，很骄傲，在这档节目里面，都没有缺席。我想，很多媒体人都会有和我一样的感受，那就是每当有关系到公共知情权和公共利益的事件或者议题出现的时候，没有缺席，那已经让自己对自己的职业表现有了相当的成就感。而这一点，要继续感谢凤凰网那些年轻的同事们，还有那些愿意在节目上表达和分享的嘉宾们。

　　如果说遗憾，第一，节目时间的关系，现场一个多两个小时的讨论，到最后，只能呈现三十分钟，很多嘉宾和观众精彩的发言，最后不得不忍痛割舍。一些观众批评讨论不够深入，确实也很无奈，不过可以聊以安慰的是，因为科技的关系，在录制的同时常常通过网络直播，虽然看到的人不算多，但是总归有人看到了。

　　严肃的网络节目，在当下这个时代注定不会有点击，而时政民生类节目因为缺乏点击率，加上不确定性，又很难获得广告商的垂青。也因为这样，我想我和我曾经的同事们，要感谢凤凰网愿意坚持在这样的环境下，让这个节目持续了好几年，因为大家都相信，如果觉得自己是负责任的媒体，那就必须要坚持去做一些事情。

我不知道这个节目是不是还会继续下去，或者即便不再存在，总会有一天，有其他的栏目出现，继续做着同样的事情，只要还有坚持这种想法的媒体人的存在。

　　至少，现在有这样一本书，记录了在过去这些年，大家讨论过的，希望给中国社会带来改变的很多议题。当中有一些涉及公共政策的，已经进入到立法的层面，而其他的，当我们的节目在讨论的时候，似乎走得有点超前，但是几年之后，却变成了一个普遍的公共议题。从这一点来说，身为曾经的媒体人，真的为这个行业的存在，感到骄傲。

第一章 生活密码

1. 今天你幸福吗？

□ 2012 年 10 月 29 日

收入高就幸福吗？

扫一扫 看本期节目视频

内容提示：最近央视的"你幸福吗？"系列报道正在被我们议论，先是某人答非所问，我姓曾；再是郑州大学生称，最坏的情况是接受采访时队被人插了；而拾荒老人称我耳朵不好，更是让人哭笑不得。也许幸福是什么没有标准答案，但什么是不幸福，大家都清楚。据联合国首次发布的全球幸福指数报告，中国内地排名第 112 位。今天当大家都在谈论幸福，互相问候幸福与否的时候，我们真的知道什么是幸福吗？是什么造就了我们的幸福，又是什么造成了我们的不幸福？腾飞的经济，迅猛增长的收入水平，不断更新的基础设施，日益提升的国际地位。中国人感受到了更多的幸福吗？

本期主持人：

闾丘露薇　前凤凰卫视采访总监，哈佛大学 2006 尼曼学者。2003 年美伊战争，她成为首位进入巴格达的华人女记者，也是全球唯一一位三进阿富汗采访的华人女记者，被誉为"战地玫瑰"。

本期嘉宾：

魏　翔　中国闲暇经济研究中心主任

王　平　《幸福商数》作者

贺卫方　北京大学法学院教授

王俊秀　《社会心态蓝皮书》主编

唐　钧　中国社会科学院社会政策研究中心秘书长

汤雪梅　数字100市场研究公司董事长

嘉宾选择：

红方：我今天很幸福

汤雪梅、魏翔、王平

蓝方：我觉得并不幸福

贺卫方

白方：中立

唐钧、王俊秀

闾丘露薇：现场的朋友来跟我们讲讲，您幸福吗？

红方观众A：幸福者，知足也，我的标准就是知足者常乐。

闾丘露薇：所以按照这个标准来说，您对自己的现状非常满意。好，那觉得不满意的朋友来谈谈。

蓝方观众B：现在大家都生活在一种不安的环境中，有各式各样的忧虑，比如生存环境、食品安全，其次是经济方面的问题，贫富差距过大。大家内心的不安定造就了不幸福感。

闾丘露薇：缺乏安全感。

蓝方观众C：其实我觉得没有幸福与不幸福，只有满足与不满足。

数字 100 市场研究公司董事长 汤雪梅

公信力很差。我对生活在这样一个舆论环境里感到极其不幸福。

唐钧：我觉得现在中国人要说不幸福的话，最主要是来自于一种不确定性和不稳定性。中国人现在最忧虑的，不是别人比我怎么样，而是你自己的前途是不确定的，你不知道将来会怎么样。

王平：五个字，价值观导向。目前错误的价值观导向引发了三个社会现象：一、身在福中不知福；二、盲目攀比；三、金钱至上。这三条是很多中国人不幸福的原因。

魏翔：影响中国人幸福感的主要有三个因素。第一是就业，从 1990 年到现在，我们的就业率是在下降的；第二是社保，2000年以后社保有所改善，但是不够，幸福感上升得相当缓慢；第三是不平等，年轻人为什么那么悲观，就是因为不平等。

汤雪梅：我们的调查结果表明，收入越高，相对说来就越幸福，但是在收入最高的阶层里，很不幸福的比例也更高。月收入一万

11

以上的人群，很不幸福的比例占到12%。中产阶级人群的幸福感是最高的。

闾丘露薇：比上不足比下有余，所以觉得自己蛮好的。

汤雪梅：收入太高的话想要的东西太多，压力太大。太低呢，生活不能保证，也感受不到幸福。

贺卫方：幸福是一种比较主观的感受，是一种期望的满意程度。对我们在大学里面工作的人来说，20世纪80年代是非常不幸的，那个时候搞导弹的不如卖茶叶蛋的。那时候出租车司机的收入都是我们的10倍，我就觉得特别不幸。

王俊秀：当收入不断增加的时候，幸福感会上升，但上升到一定程度就会下降。我们能调查到的最幸福的人群是政府官员。

贺卫方：但是很奇怪。我的同学，有些进入政府机关，身居要职。我观察他们，并不觉得他们很幸福。

他不见得说越开放他就越幸福

北京大学法学院教授 贺卫方

汤雪梅：其实我觉得幸福更多的是一种精神感受，是一种主观的东西。收入可能跟它是相关的，但不是因果。真正的因果是你的价值观和内在的一些精神因素，比如你是不是能活在当下，能不能看到真善美。这些东西决定了你的精神感受。

资料：说实话，你有没有比去年更快乐？说真的，你有没有比五年前更满足？想一想，你有没有比十年前更幸福？航母下海，神舟上天，iPhone 有了第五代……大时代的背后，却还有一个小小的我。我是苦逼小白领，我是进城打工仔，我是必须搬家的拆迁户，我是含泪还贷的城里人，我是"压力山大"的"90后"，我是寂寞难耐的孤独老人……我有自己的梦想，有自己的小日子，我在苦和乐中寻找幸福，回到了起点，却已不是昨天。

闾丘露薇：我要问现场的观众，现在和过去比较，你有没有觉得更幸福了？

白方观众 D：我为什么觉得更幸福了呢，因为我之前是在施工单位工作，我们做的工程很大，我以为这样的工程是很严谨的，很负责任的，因为人命关天嘛。我是做技术的，但我们的检测数据并不是最重要的，最重要的是领导的看法。

闾丘露薇：因为还有良心。

白方观众 D：对。

汤雪梅：其实在不同方面的幸福指数是不一样的，比如说在家庭关系、生活质量、安全状况、人际关系，这四大项上，人们的幸福感是比以前多了，但是在工作状况、社会参与、社会地位这些更抽象更精神的方面，幸福感是在减少的。我感觉随着生活质量的提高，大家对精神生活的要求更高，总的说来幸福感是增加了。

魏翔：我有质疑，从目前的许多调查来看，中国人20年来的幸福感稍有下降。为什么会下降呢？可能是因为结构的变化。在这20年中，有些人成了富人，有些人成了穷人，我们发现，成为富人的那些人幸福感上升了8%，但是成为穷人这些人幸福感下降了20%左右。

汤雪梅：所以幸福感跟主观的期望值有关，如果你的期望值高了，虽然你的客观条件比以前好了，但是你的要求可能更高，因此你还是会感觉不满足。

闾丘露薇：所以总的说来可能幸福感是在增加的，但是因为在精神层面的追求更高了。所以大家的幸福感反而减少了。

魏翔：幸福会水涨船高，曾经有过贫穷中的幸福，现在富裕中却有着不幸。

汤雪梅：这里头其实有个因素，就是我们看到的负面东西比以前多了。舆论环境所致。

贺卫方：信息开放一定会影响到人们对幸福的评价，言论自由对新闻记者的幸福感非常重要，但是对于一般百姓来说，不见得越开放就越幸福。因为开放会让他看到许多比他更幸福的人。我小的时候就觉得我们很幸福，全世界三分之二的人民都在受苦受难。

闾丘露薇：我们来看看，4月份的时候联合国首次公布了全球幸福指数。全球156个国家和地区里面，中国排在112位，也就是说在我们后面的只有44个国家和地区。我不知道伊拉克是在我们后面还是前面，可以看到香港排名67，前4位都是欧洲国家，丹麦、芬兰、挪威、荷兰，这4个国家的人均收入在全球排在前15位。当然你从经济的角度说，收入越高所以幸福指数越高，但也未必，因为有一些国家GDP很高，但是也没排在很前面，比如

第二个就是闲暇时间

中国闲暇经济研究中心主任　魏翔

美国。

　　魏翔：我们从 2005 年开始研究一个谜题，叫北欧之谜。北欧是全球最富裕的经济体之一，也是全世界休闲时间最多的地区。并不是说收入不决定幸福，而是必须要先爬过幸福的门槛，一旦爬过这个门槛，那么决定幸福的就不再是收入，而是休闲时间。

　　闾丘露薇：我想听听大家的建议，我们目前可以做点什么，让中国人的幸福感增加？

　　贺卫方：一个合理的社会，应该让有不同幸福追求的人都有平等的机会去追求。

　　王俊秀：实际上幸福不单单是个人的幸福，也应该放在社会里面去。个人的发展和国家的发展，个人的幸福和国家的幸福应该是同步的，不矛盾的。

　　闾丘露薇：唐先生，您觉得呢？

让我们觉得自己还不好的社会

《今天你幸福吗？》节目视频

唐钧：从我们的很多调查来看，中产阶级非常重要。因为相对来讲，钱越多幸福感反而会下降，钱不够幸福感也不够，那么我们怎么去发展中产阶级，这是一个很大的课题，要通过各种各样的政策。现在提倡延缓退休，这就是一个让老百姓感到不幸福的直接原因。

汤雪梅：我觉得首先是从国家的层面关注幸福，也就是关注精神文明建设，包括价值观统一，道德水平和诚信体系的建立；其次从媒体的角度，不要过多地挖掘丑恶，这样会让整个社会环境充斥过多的负面能量；最后是从个人层面，不要太去关注你不能改变的，更多关注你能改变的。我们调查结果表明，女性的幸福感高于男性，其实也就跟她们对情感的关注度更高有关系。

贺卫方：其实有时候我们很难判断什么是能改变的，什么是不能改变的。如果孔子说不可能的事我们都不去做，这个国家就会每况愈下，整体的幸福感永远提不起来。正是因为大家都去做看似不可能的事情，比方说改造我们整个国家的许多大制度，这个是很难的，但是每个人都参与其中，最后就会使这个国家发生变化。

闾丘露薇：我觉得关注很多自己觉得不快乐的事情并没有影响我的幸福感，这是分开来的两件事。

唐钧：作为个人来讲，你要调试自己的心理。

闾丘露薇：但是不能放弃对这个社会的参与。

唐钧：社会责任感一定要有，即便抑郁和不幸福。

蓝方观众E：大家都知道，中国需要和谐的东西太多。没有人会无端地骂政府，那其实是一种批评和建议，作为一个公民，有义务帮助政府改善，政府要听取老百姓的建议，才会进步。

蓝方观众F：能做你喜欢的事，其实就是幸福了。

一句话总结：

汤雪梅：活在当下，追求内心的成就，不要忧虑过去和未来。

王平：建设幸福中国，执政党和政府应该干他们该干的事。

魏翔：活过、写过、爱过，我希望能够不忘现实，同时也怀抱梦想。

贺卫方：幸福应该是真实的，能够说出真话，也是一种幸福。

王俊秀：一个社会的幸福值要看它的净幸福，也就是说我们要更多关注不幸福的人。

唐钧：自由即幸福，勇敢成自由。

本期编导：赵　勃

2. 聚焦"新移民潮"

□ 2012 年 2 月 3 日

君之视臣如土芥，则臣之视君如寇仇。

扫一扫 看本期节目视频

内容提示：2011 年 8 月，由国务院侨办与华侨大学社会科学文献出版社联合发布的《华侨华人研究报告》说，大陆改革开放 30 年以来，移民海外的人数约 450 万，移民人数居世界第一，另据招商银行与贝恩顾问公司发布的《2011 中国私人财富报告》称，个人资产超过 1 亿元的大陆企业主中，27% 已经移民，47% 正在考虑移民。据了解，这是中国社会改革开放以来经历的第三次移民潮，与前两次的混杂偷渡客和洋插队相比，这一次移民潮的主力由新富阶层和知识精英组成，也因此引发了中国是否正在经历一轮财富与精英流失潮的争议。

本期主持人：

李　鸣　现任凤凰视频原创业务总经理、凤凰全媒体研究院执行院长。曾于 2002 年获全国广播电视主持人"金话筒奖"。在网络视频行业率先建立起了原创业务模式，推出了《全民相对论》、《说给孩子》、《老家》、《斗味》、《又来了》等四十多档原创节目，屡获大奖。节目还输出到多家内地卫视，以及台湾中天、新加坡、马来西亚等电视台播出。

人民大学教授 张鸣

本期嘉宾：

张　鸣　中国人民大学国际关系学院教授

周孝正　人民大学教授

胡星斗　北理工学院教授

郭松民　评论人

司马南　社会学者

马安妮　艺术工作者

陈杰人　中国政法大学研究员

嘉宾选择：

红方：假如你拥有了移民的条件会选择移民

　　　郭松民、马安妮

蓝方：假如你拥有了移民的条件不会选择移民

　　司马南、陈杰人、张鸣

白方：中立

　　胡星斗、周孝正

李鸣：对于移民潮的现象，张鸣老师怎么看？

张鸣：移民是因为感到不安全。

周孝正：人挪活，树挪死。

胡星斗：移民自由，无关乎爱国。

郭松民：富人移民挺缺德的，但我支持穷人移民。

司马南：我以做中国人为荣，但我并不认为移民是一种耻辱。

马安妮：我已经移民了，但我不认为我不是一个中国人。

陈杰人：移民是一个人的自由，我本人也有自由选择的空间。

红方观众A：我有一个高中的学长已经移民了，在加拿大，我觉得没什么不好的。

红方观众B：我觉得国外的环境比中国要好一些。

李鸣：你说的是什么环境？

红方观众B：自然环境吧，那边保护得比较好。

红方观众C：我个人感觉那边的教学质量比较高。

李鸣：我特别有兴趣听听前面两位阿姨的观点，因为阿姨的白发苍苍对我是一个刺激。人们都说故土难离，在您的年纪，你要是有条件会走，为啥呀？

红方观众D：体验一下国外的生活，做一下国外的居民，最后还得回到我的国土。

李鸣：可是您一移民，您就不是中国人了。

红方观众D：我知道，到一定的时间中国人还是中国人。

马安妮：其实我觉得有一个概念问题，移了民并不说明你不是中国人，你还是中国人，只不过你的国籍改变了。

李鸣：这边的阿姨为什么这么坚定，给您条件也不走？

蓝方观众 E：不安全。

李鸣：哪不安全，非洲？

蓝方观众 E：不是，美国都不安全，美国人都有枪，我不去。

李鸣：有枪，三亿多支呢。

蓝方观众 E：再一个就是语言也不通，这岁数不能学外语了。

李鸣：旁边的先生呢？

蓝方观众 F：我对国家有着深厚的感情，就算我有条件也不想到别的国家去。

李鸣：这边还有一些阿姨比较纠结。

白方观众 G：我不同意移民，我觉得我们国家特别伟大，炎黄子孙还是热爱自己的祖国好。

人民大学教授 周孝正

社会学者 司马南

李鸣：周老师，您和胡星斗老师选择了中立，我想听听两位的观点？

周孝正：现在有地球村的概念，有国际社会的概念，中国政府在国际社会中慢慢地变成一个负责任的大国，所以一个人在地球村里转转，有什么大惊小怪的。

胡星斗：我的事业，我的工作，特别是我的研究，都是针对中国的，我如果移民了，我的研究可能就没有根了，所以我中立。

李鸣：松民兄，想听听你的观点，为什么给你条件你就走了？

郭松民：发达国家尤其是美国，一直在提倡人权高于主权，所以我主张，美国为了证明这一点，要开放它的边境，让我们中西部的农民大量地移民过去，使人均资源达到一个相对均衡的状态。

李鸣：您的意思是移民是卧底的，谁让它资源多。

司马南：我支持穷人移民，移得越多越好。对于富人，我认为他们有移民的自由，但是把赚到的钱全部拿走不行，这不是移民问题，这涉及金融安全问题。

陈杰人：中国有一句俗话，叫作子不嫌母丑，狗不嫌家贫，虽然现在这个国家存在很多问题，我也经常批评它，但是我愿意留在这个国家，为我们的国民去服务，我觉得我们每一个负责任的国民，就应该尽可能地去为这个国家服务。

张鸣：我不想走，我觉得作为中国人，中国的事不办好，到哪儿都没出息，我们要留下来把中国的事办好。

李鸣：网友调查结果有2661名网民认为外国发展环境优越，有优良的教育资源，有更完善的社会保障等。有1430人认为国内发展更畅通，国外毕竟在文化语言上有一定的差异，要融入当地的社会不容易，以目前中国的经济增长速度来看，中国未来的前景不可限量，应该留下来。似乎支持移民的人数还不少，刚才安妮已经介绍了自己的身份，她是已经选择了移民的。

马安妮：那个时候作为年轻人，希望有一个更大的天地和比较少的约束。

李鸣：去了哪儿？

马安妮：去了澳大利亚。

李鸣：出去之后，你觉得和走的时候想法一致吗？

马安妮：移民之后，更切身的利益的是它的医疗保障、教育体系，包括失业，包括所有的福利的保障，生活在那边会没有后顾之忧。

李鸣：网上网友对于走的原因也给出了自己的一个选择，差异不是特别大。

司马南：你可以享有移民的自由，但是这里边有一个很重要的问题，比方说你移民到美国去，你宣誓成为美国人的时候，心里会不会认真地考虑、忐忑、纠结、拧巴一番，因为在两国交战的时候，你必须站到美国的立场上。

陈杰人：移民相当于一个人情感上的一种背离，我也不说是背叛，但是我觉得战争的危险还是不太大的，不需要提到这个高度来说。

郭松民：移民之所以成为一个话题，我觉得很大程度上是主流媒体忽悠的结果，最近二三十年来，长期对美国做天使化的描述。这里边有很大的误导成分，比方他们说美国的食品安全，瘦肉精在美国是可以合法添加的，美国超市里的肉都是激素。

胡星斗：美国瘦肉精问题的确存在，但是人家是合法的，也许它那种规定可能不恰当。

张鸣：你说美国比中国还糟，为什么美国没有移民到中国的潮。

陈杰人：我在1988年到1998年之间当过乡干部，特别是当领导干部的时候，我现在都很后悔，那时候上级政府下令为了提高牲畜的瘦肉产量，号召所有民众使用瘦肉精。

李鸣：刚才杰人兄讲到，他认为丢掉国籍是他不太容易能够接受的，但是出去可以再回来，安妮恰恰是这样的一个实践者。

马安妮：我们在国外生活的时候，对中国和在中国的人的感情很不一样，有的时候京剧团去演出，一个小剧场里，当地很多华人都会自己买票去听，我有的时候真的会因为听一场京剧在那边哭。

陈杰人：你还可以申请重新加入中国籍。

马安妮：我觉得很遗憾的是中国不允许双重国籍，其实在国外，很多人有五个国籍或者更多。

胡星斗：我觉得最大的意义在于中国自身到底怎样改善，改善我们的人文环境、制度环境、法制环境、自然环境，吸引更多的人到中国来。

司马南：我们大量的精英、财富走出去了，所以我们应当有一个对策，移民是你的自由，但是如果你把挣的钱全部都拿出去了，这不行，这涉及金融安全，国家金融安全这事非常重要。

张鸣：非常错，我也看到精英大量流失、资金流失这些危险，的确这对中国并非福音，但是怎么来遏制它？你再卡，你再堵，你把他抓起来，这都无济于事。最好的办法是什么呢？就是改善我们自身的生存环境，我们的制度好一点，有一个起码的保障，不要动不动扣帽子，他们自然就愿意留下来了。

郭松民：咱们改革开放之所以能够得到全民的赞同，是因为有一个重大的历史承诺，这是小平同志发出的一个庄严的历史承诺，就是让一部分人先富起来，先富带后富，你现在移民带着钱走了，你就违背了这个历史承诺。

司马南：说得好。

郭松民：这个行为最低程度是不道德的，如果说这个行为大量出现的话，我建议设定一条法律：开征移民税。70% 的财富交移民税，带 30% 的走。

陈杰人：你解决了富人移民的问题，那教授、明星呢？难道你能切掉 70% 美丽的脸蛋？

司马南：你太有想象力了。

李鸣：其实从一开场就听到有老师说，移民跟爱国没关系，但是我们不能否定把移民和爱国放在一起思考，这也是现在的一种说法。

资料：在美国，每一位移民者在加入美国国籍时需要隆重宣誓，誓词这样写道："我在这里郑重地宣誓，完全放弃我对以前所属任何外国亲王、君主、国家或主权之公民资格及忠诚，我将支持及护卫美利坚合众国宪法和法律，对抗国内和国外所有的敌人，我将真诚地效忠美国。当法律要求时，我愿为保卫美国拿起武器；当法律要求时，我会为美国做非战斗性质之军事服务；当法律要求时，我会在政府官员指挥下为国家做重要工作。我在此自由宣誓，绝无任何心智障碍、借口或保留，请上帝帮助我。"

听完这样的话，你是否认为移民是一种不爱国的表现？

第二次选择：

红方：移民就是不爱国

　　郭松民、司马南

蓝方：移民不是不爱国

　　马安妮、张鸣

白方：中立

　　周孝正、胡星斗、陈杰人

李鸣：从这样的宣誓词里边，我们大概也能猜想为什么会有这样一种观点。

郭松民：富人在这个国家得到了这么大的好处，然后又带着财富走了，这当然是不爱国，甚至可以说是一种汉奸行为。而且更主要的是还有一些人揣着外国护照继续在中国挣钱，这个更危险，就是说他只想在这块土地上捞钱，而不愿意为这块土地承担任何责任。

张鸣：我认为移民跟爱国没有关系，首先这个国得爱这个民，如果这个国不爱国民，国民有权不爱这个国家。

周孝正：中国古人有一句话，叫"君之视臣如土芥，则臣之视君如寇仇"。意思就是说，你要想让老百姓爱国，你就先爱老百姓。

郭松民：如果所有的国家都取消国界，尤其是发达国家，那么我就正式放弃爱国主义。

李鸣：我特别想让安妮说两句，当你看到"移民"和"爱国"关联在一起，你会反感吗？

马安妮：对，我不同意这种观点。

张鸣：我们称孙中山先生为伟大的爱国者，是民主革命的先驱，但是现在已经证明孙中山先生就是美国国籍，如果把这个事情跟爱国连在一起的话，那我们给孙中山先生的这个评价是不是就不合适了？

蓝方观众 H：顺其自然，人性都是平等的。

蓝方观众 I：只是生活习惯不一样而已，跟爱国没有关系。

陈杰人：当一个国民无法改变自己的生活环境，他有选择逃

艺术工作者 马安妮

离的权利。所以我觉得从人性的角度难以说他不爱国，但是从国家的情感角度来说，我也不能去支持，甚至去鼓励。

郭松民：精英就是这个国家最大的受益者，国家对他们再好不过了，他们在国家发了财、出了名，获得了很高的地位，最后一走了之，这种行为能说是一种爱国行为吗？

司马南：我主张中国穷人老百姓移民到美国去，是对美国人权观念真假的一个很好的检验。

周孝正：把穷人都搁到美国、加拿大去，丢不丢人啊，发展了60多年，为什么有这么多穷人？你不反思自己的党和国家的领导制度，积极进行政治体制改革，还要把穷人都推出去。就是孟子那句话，人必自辱，别人来辱之，家必自毁，别人才毁之。

李鸣：参加调查的有37.57%的网民认为移民海外就是不爱国；62.43%的网友认为两者没有关系，移民海外一样可以为国效力。想请安妮来讲一下，你作为一个实践者，给大家分享一下出去又回来的体会。

马安妮：1992年的时候，拿中国国籍想去别的国家度假真的非常困难，所以就改变了国籍。我觉得并不是说我拿了澳大利亚国籍，就否定了我的中国身份，我就不爱国了。

李鸣：在拿到外国国籍的时候，你有没有想过这会让你在国内赚钱更方便？

马安妮：20世纪90年代初中国政府给回国人员提供了一些优惠政策，但是我们在回来的时候是没有任何优惠政策的。

司马南：移民的确和爱国不爱国没有必然联系，但是官员、富人、社会精英纷纷移民国外，则国之无望。

马安妮：好多贪官没有移民，但是他们在国外是有账号的，他们早就把资产转到国外去了，在瑞士开的账号。

李鸣：公布了吗？

张鸣：维基解密公布了。

李鸣：我倒想问胡星斗一个问题，在移民潮当中，人们有一些担心。第一，很多人才流失了，不管是文艺的，还是知识的、科技的，一些精英走了。第二，很多财富走了，有比例不低的一些富人带着资产移民了。这样的事情是否需要警惕，有没有一些解决的办法？

胡星斗：对于这种现象当然需要警惕，要思考怎样改善国内的环境留住他们的心，对于已经移民的要怎样吸引他回国。实际上绝大多数移民的人又回到中国投资，所以移民并非坏事，有助于中国的国际化，有助于提高中国在国际上的地位。

郭松民：中国是世界上最容易赚钱的市场，但是这些人为什么还要移民呢？因为他拿着外国护照到中国来赚钱更方便，政府给的特权更多。

司马南：按照胡教授的建议会出现的结果是有一帮人这只手拿着中国护照，那只手拿着美国护照，然后在中国攫取财富，更加横冲直撞，老百姓更没有好日子过了。精英的自由凌驾于老百姓之上，所以我看胡教授的建议是毁灭性的，是破坏性的，而不是建设性的。

郭松民：我觉得国家应该制定政策，好的投资机会堂堂正正地给我们自己的国民，你有外国护照对不起，投资税收要高一些，反正现在我们的外汇也花不完了。比方说外国护照的演员，演的戏不能在黄金时间播，国家投资的戏不能当主角。通过这样的限制来解决精英移民的问题。我觉得这个还是技术手段，最好的手段是实现共同富裕，我们现在是个贫富差距非常大的国家。要是建成一个共同富裕的国家了，人人都会有安全感，人人都会感到很舒适。

胡星斗：没有民主监督，没有公民社会，不可能共同富裕。

陈杰人：人类社会之所以发展到今天，一个重要原因就是发明了私有财产制度，如果没有私人财产都是共同富裕，相当于电的两极没有压力，就不会流动，不会流动就不会发展，只有让一部分人富裕，一部分人穷，才会让穷人去赶超富人，然后一步一步交替上升。

司马南：更不等同于富的可以把钱都拿走，不能说有便宜占的时候就占便宜，有风险的时候就逃之夭夭。你们把所有的便宜都占遍了，然后留着我们在这建设国家，这没有道理。

胡星斗：在一个特权社会，你鼓吹共同富裕鼓吹得越多，贫富分化越严重。中国如果不能够改善法制环境，保护私人财产，移民问题只能越来越多。

一句话总结：

司马南：富人、官员纷纷移民，国将不国。

胡星斗：中国只有改善自己的自然环境、人文环境、法制环境，保护产权，保护公民的自由，我们让全世界的人都向往移民到中国。

郭松民：移民问题和所有社会矛盾的出现，最主要是因为我们贫富差距太大，所以我们要把国家建设成为一个共同富裕的国家。

张鸣：改变中国。

周孝正：白求恩就是加拿大的精英，到了中国帮助中国人民抗日。中国的精英，当然也可以去做国际主义战士。

马安妮：祝中国进步，繁荣昌盛。

陈杰人：移民潮是一国政府的耻辱，因为每一个人都有内心的家国情怀。

本期编导：赵勃、颜芝

3. 饮用水的安全迷局

☐ 2013 年 4 月 24 日

一线城市水源污染非常严重。

扫一扫 看本期节目视频

　　内容提示：有媒体报道称某饮用水企业生产产品标准过低，甚至不如自来水。该企业回应该报道系竞争对手蓄意策划，一时之间，饮用水的安全迷局如雾里看花，笼罩饮用水企业。有专家称标准之争实则是企业的利益博弈。面对市面上种类繁杂的瓶装水产品，标准也不尽相同。你是否担忧瓶装水的质量？

本期主持人：

闾丘露薇

本期嘉宾：

刘文君　清华大学饮用水安全研究所所长
朱　毅　中国农业大学食品学院副教授
董金狮　著名食品安全专家
赵飞虹　北京健康饮用水专业委员会会长

嘉宾选择：

红方：担忧瓶装水的质量

    刘文君、朱毅

蓝方：不担忧瓶装水的质量

    董金狮

白方：中立

    赵飞虹

闾丘露薇：水到底安不安全，我们到底喝什么样的水？

蓝方观众A：瓶装水肯定经过一定加工的，应该比自来水好一点。

红方观众B：比较懒的时候才会喝瓶装水，正常状态下还是比较信赖煮沸的自来水。这么多年来，我们家用水都是这个，所以它的质量应该是可以保障的。其次在这个大环境下，实际问题只能比爆出的问题更大。

闾丘露薇：你在选择喝煮沸自来水后，那时候没有什么太多的瓶装水的负面新闻吧？

红方观众B：从小到大我基本上一直都饮用这种水，还能活到现在，我觉得这个水应该是很安全的。

闾丘露薇：喝瓶装水的也活到现在，没有出现太大的问题。

红方观众B：喝瓶装水，但不是说一直以来所有的饮用水源都是瓶装水吧。

闾丘露薇：大家对瓶装水不太信任，只是对某些牌子不太信任还是所有的？

红方观众C：假如我饮用瓶装水的话，会优先选择一些大品牌，有一些地方的小品牌或者说只是在局部销售的，我可能不会太信任它的质量监控体系，包括宣传。

清华大学饮用水安全研究所所长 刘文君

闾丘露薇：您是二十多年一直喝自来水的吗？

朱毅：我是三十多年一直喝自来水，而且是比较生猛的那种，对着水龙头直接喝。

闾丘露薇：为什么觉得瓶装水不安全？

刘文君：有几个原因，瓶装水有个标准，叫"瓶（桶）装水饮用水卫生标准"，但是这个标准一定要跟饮用水标准一致。市场上有很多水，比如某品牌的叫山泉水，在水归类里面没有这个称呼，但有个矿泉水标准，后来还有矿物质水。这些水实际上很多都是没有国家标准的。第二，因为监控力量的问题，全国有三十几个国家的监测站，桶装水抽样评断没那么严格。

闾丘露薇：也就是说，虽然桶装水、瓶装水号称自己是达标的，但是这个达标是打个问号的。理论上说能够在市场上卖的桶装水都是值得信赖的，因为它是通过了标准才能卖的。

董金狮：但是现在不合标率达到 80% 以上。

闾丘露薇：您怎么来回应他们提出的这几个担忧和问题？

赵飞虹：第一，瓶装水方便；第二，比自来水更健康。从水质来讲，瓶装水是在生活饮用水的标准上生产的，生活饮用水只是自来水，在自来水的基础上进一步深加工，再说，就目前来讲，瓶装水的生产工艺比自来水要先进得多。

闾丘露薇：虽然有标准，有工艺，但是检验出来 80% 不合格，这个让大家很担心。

赵飞虹：因为瓶装水是完全市场化的，它跟自来水不一样，自来水是自己生产自己检测，不存在第三方的问题。

刘文君：瓶装水不都是从自来水来的。瓶装水有很多种，矿泉水是很明确不能使用自来水的。关于监测的问题，自来水不是说自己检测自己，是国家监测站检测的，还有卫生部要去抽查的。

白方观众 D：2003 年我们家装了净水器，能够直接饮用的，想喝热水也行，但是时间长了你会发现，净水器的滤芯越来越脏，越来越黄，烧开水以后照样有沉淀物，污染很严重。喝水的时候总会感觉到有一些异样的味道，又因为农夫山泉事件，对瓶装水也很不放心。

朱毅：如果把优质的矿泉水拿去煮沸，一样有沉淀。

闾丘露薇：监测照道理说是每三个月做一次。

赵飞虹：对。

闾丘露薇：有公布吗？

赵飞虹：在网上都有公布。

电话接通杨先生：

闾丘露薇：如果大家有兴趣，也关心自己，可以每三个月上网看一看这些标准。我们电话接通的是广州的一位消费者，杨先生，您好，为什么要告农夫山泉？

杨先生：我对我买这个水是不是符合安全标准，心里没底，因为从我的了解，它是不符合现行的食品安全标准的。

闾丘露薇：能不能跟我们介绍一下广东的标准和浙江的标准不一样的地方在哪里，你觉得农夫山泉主要是在哪个指标上不符合广东的标准？

杨先生：我专门把两个标准下载之后作一个对比，浙江至少有13个指标是宽松于广东的，包括一些感官的指标，比如说混合物、异常颜色、有害物质比如砷、铬，还有微生物指标等都不一样。有的指标可能相差20倍，还是比较大的，越对比心里越没数。

闾丘露薇：那您是只发现了这一个品牌存在问题，还是其他品牌都有？

杨先生：我喝得最多的是农夫山泉，过去对农夫山泉是比较信任的，我以前也是做公益的，所以对它卖一瓶水捐一分钱这样的活动是有感情的。我也没有专门地对比，但是我看有一些矿泉水用的是国家标准，农夫山泉不是矿泉水，它用的是地方标准。

闾丘露薇：你告它，法院受理吗？

杨先生：当天就受理了，我也交了诉讼费，并且让我付给农夫山泉传票的邮费。

闾丘露薇：农夫山泉在这期间有没有跟你联系过？

杨先生：一直没有。

闾丘露薇：对你这样一个诉告，没有表现出任何的反应？

杨先生：对。

闾丘露薇：好的，谢谢杨先生。请问一下赵女士，您说每隔三个月就会进行一次检测，现在看到农夫山泉事件，瓶装水是不是存在地方和地方之间、地方和国家之间的标准是有差异的，这个差异有可能是企业去游说的结果。

赵飞虹：不会的，因为地方标准、企业标准的制定原则必须要符合国家的相关标准。

闾丘露薇：那农夫山泉有13个指标不一样。

赵飞虹：如果它符合2003年的19298国家瓶桶装饮用水的卫生标准，那现在的2007年新的生活饮用水卫生标准出来以后，国家就应该对19298这个标准进行修订，国家下了一个修订单，作为农夫山泉所执行的地方标准，应该根据修订单对自己的地方标准进行修订，至少应该是等于或者高于国家标准。

闾丘露薇：浙江没有修订？

赵飞虹：我看了网上，浙江技术监督局说修订了，也下了修订单，是2008年修订的。但是问题在修订完以后，应该立刻在网上公示，让大家都能够看见。

中国农业大学食品学院副教授 朱毅

闾丘露薇：如果农夫山泉的一切指标都是按照旧的标准，那它有没有符合现在新的国家标准呢？

刘文君：只要国家标准动了，都要以新的为准，如果他继续用旧标准肯定不对。

朱毅：国家标准是最低标准，是强制执行标准，其他标准必须要高于这个标准，而且国家的 2003 的瓶装水标准已经与时俱进，达到协调一致了。

刘文君：所以农夫山泉事件大家讨论比较多的，就是刚好修改了标准。浊度，国家标准从三变到一了，砷从 50 微克到 10 微克，铬 10 微克到 5 微克，农夫山泉没有跟着改。

朱毅：可以理解它是高品质的水在低标准中流淌，这是最宽容的说法了。

董金狮：企业异地经营当地生产必须符合当地标准。

闾丘露薇：能不能说明它的水有问题？

董金狮：第一，地方标准不是企业负责的，是政府负责的。第二，它的指标没有更新，确确实实低于国家要求修订的铬还有砷这些关键性的指标，他说在内部更新了，可是网上没有。第三，异地经营，从法律上讲，当地生产要用当地标准。

刘文君：我觉得是两件事，标准可能不合适，但是不代表水质就不合适。

朱毅：但是可能让别人产生这样的疑虑。

白方观众 E：尤其是食品生产之类的，应该是百分之百保证安全，国家监督部门应该执行职责，保障瓶装水出厂安全，就看国家的职能部门能不能让消费者放心。

闾丘露薇：如果国家完全能够做到这样的监管，企业能够自律的达到标准，那喝瓶装水有没有问题？

刘文君：我还是不同意。因为刚才说了，咱们现在不要集中讨论农夫山泉，要讨论整体的桶装水问题。桶装水它有很多种，有一个叫矿物质水，我就很反对，长期饮用纯净水对身体不太好，这是有医学证据的，但是加了东西进去，怎么能够保证加的东西合格呢。

闾丘露薇：国家是不是有标准去监控它。

刘文君：没有相关标准。

朱刚：覆巢之下难有完卵，如果说自来水是不安全的话，那矿泉水或者其他水也是难以独善其身的。

> **资料**：在全国 655 个城市中，400 多个城市以地下水为饮用水源，约占城市总数的 61%。2013 年年初媒体接连曝出山东潍坊非法向地下排污、河北沧县"红豆色地下水"等水污染事件，更引发人们对饮用水安全的深度关注。近日，一对专门研究饮用水水质的夫妇爆料已 20 年不喝自来水，引发民众热议与担忧。自来水是否能直接饮用？

第二次选择：

红方：自来水能直接饮用

　　　刘文君、朱毅

蓝方：自来水不能直接饮用

　　　董金狮

白方：中立

　　　赵飞虹

闾丘露薇：调查显示 89% 的网友担心自来水安全问题。其实我也很担心，每次烧完自来水都有一层垢。网友觉得水污染是自来水品质下降的主要原因。

董金狮：不能喝的原因有两点：第一，国家是禁止自来水直接饮用的，自来水出厂的时候，加了大量氯气，防止细菌、微生物繁殖，有余氯在里边。中国的余氯浓度偏高，氯气是致癌的物质，有氧化作用，所以必须烧开了喝。第二，水里面有很多的腐殖酸，在管道、储水箱储存过程中，会发生很多的化学反应，我们原来测出来有上千种化学物质，主要有氯代烃，比如说三氯甲烷、四氯化碳，还有一些酚类物质。这些物质必须要经过加热才能挥发，挥发了以后是安全的。我们一生要喝 80 吨的水，那里边的有害物质足以让我们生病，所以一定要烧开，烧开马上关火大概能挥发50% 左右的有害物质，烧开以后再烧三分钟，大概能挥发 70% 左右。

闾丘露薇：我问个别的问题，天天用自来水刷牙，不小心喝一口没事吧？

董金狮：喝一口没有问题的。原来是水少没水喝，第二是有水不能喝，第三是能喝不卫生，第四是卫生不健康，第五是健康不安全，第六是安全没标准，这就是我们饮用水的现状。

刘文君：我觉得挺悲哀的，学水的都这么想，我们就白干了。自来水水质标准只要符合饮用水标准，都是可以直接喝的，中国的饮用水标准跟世界一流水平是一样的。自来水肯定不像董先生说的那么糟糕，全世界 95% 的自来水都是用氯气消毒，不存在氯气超标的问题，只是氯气的副产物可能超标，当然那个是个风险管理。你每天喝两升水，活到 70 年，100 万个人当中有多少人会因为这个指标有问题，这是风险管理的概念。所以不是说自来水不能喝，烧开水的目的是因为可能有微生物，但是很多地方的水是可以直接喝的，我都是直接喝自来水的，没有问题的。

朱毅：矿泉水对菌落总数不设标准的。如果说自来水水源地是一级保护区、二级保护区，大家都不信赖，那矿泉水的水源就那么安全吗，就让你那么信赖吗？

赵飞虹：我觉得一线城市人口比较多，又有工业、农业，所以水源的污染是非常严重的。比如现在江浙一带，水源有时候可以达到三、四类，一些偏远的地区，比如五大连池的自来水是矿泉水，就符合矿泉水标准，把水直接蓄积在池子里，蓄完以后，到工厂就做了一道处理——加二氧化氯，加完以后就供到各家去了。那个水质就非常非常的好，可以直接喝。这么多年，我检测北京自来水，很少发现有细菌，所以烧不烧开，从细菌角度来讲是没什么关系的。但是因为北京的地下水管网，大概有50%是铸铁的——现在不允许用了——所以会造成有些水发黄。但是自来水厂水质是符合国标的，它出来以后，水质是下降的。比如说像疾控中心的检测，水质会下降20%到30%，所以这个就给大家造成一些问题。还有一些老旧小区的水箱非常非常脏，按照规定至少一年得刷一次，有的可能N多年都没刷过，而且刷的时候，人进去吧唧吧唧乱踩，他的脚、器具干净不干净没人知道。

董金狮：自来水龙头拧开都在啪啪啪响，为什么？就是氯气加太多了，刚才赵老师说得很对，自来水里面没有细菌，为什么呢？细菌都被氯气杀死了，可以想象它能把细菌都杀了，对我们的细胞也是有杀伤力的。

闾丘露薇：我们请董先生跟我们做一个实验，来看看自来水、纯净水和矿泉水的电导率。

朱毅：它不是电解。

董金狮：不是电解，是电导率，就是里边可以导电的物质，纯净水一般不导电，导电的是电解质，比如说一些金属离子、钙、镁、钠等。

闾丘露薇：农夫山泉电导率是87.1，矿泉水是332，自来水是427。

董金狮：自来水最高。

刘文君：说明什么呢？

董金狮：自来水的电导率最高，说明他里面有益的成分最多。

闾丘露薇：是不是营养最好这个意思？

董金狮：我有三个结论：第一，自来水的电导率最高，说明它的导电性能最好，里边有益的矿物质元素或者微量元素比较多，但并不意味着它有害的成分就少。第二，测PH酸碱度值，水基本上是偏弱酸性的。第三，水就是水，水里面的营养成分对我们的健康影响没有那么大，不要指望喝水来治病，水不是保健品也不是药品，我觉得还是喝自来水最健康，最有营养，但是自来水不能直接饮用，直接饮用目前是不健康的。

朱毅：大家想一下，大气是有尘降的，不要想五大连池就没有尘降。

赵飞虹：我在二十年间把全国29个省市全部都跑遍了，包括台湾。比如说五大连池，它的TOC是0，就是未检出。TOC是总有机碳，就是它没有有机物污染。但是浙江就没有好水吗？比如说浙江天目湖，天目湖在二十多年前就进行了环境保护，天目湖的水质也是非常好的。

董金狮：这是个动态的，水下面是静流的，它受空气，包括垃圾场污染。有人说北京的地下水不能饮用了，是因为北京北边和西边埋垃圾，现在大家知道，北京的垃圾都放东边，或者南边，这样就污染天津了，估计天津地下水也不能喝了，所以它是动态的，在变的。要解决饮水问题不能靠瓶装水、桶装水、袋装水。如果政府讲清楚，告诉老百姓说自来水经过处理以后，能达到直接饮用的标准，即使涨钱，老百姓没准都愿意接受。我家里现在喝的水就是处理完的，400块钱一吨，后来就烧水喝，把氯气的味道挥发掉，虽然你刚才说喝了没有关系，但是我还是很担心。

朱毅：美国也是这么指导的，如果你觉得那个味道太大，就拿来先藏两天。

一句话总结：

朱毅：告别瓶装水，做时尚杯水一族。

赵飞虹：选择优质水源地的好水，然后保证每日充足的饮水量。

董金狮：喝烧开的自来水更健康，更安全。

刘文君：从我做起，共同努力，保护水源，保障供水安全。

闾丘露薇：讨论之后，我自己都有了一点小小的改变，如果可以的话，还是自己烧水喝。出行的时候可以带一个环保的杯子，对地球，对自己都可以做点事情。

本期编导：王梦妮

4.同床异账

□ 2012 年 5 月 4 日

AA 制是种约定，追求平等。

扫一扫 看本期节目视频

内容提示：房贷一人一半、车险一人一半、吃饭一人一半、爱情一人也一半。随着情感剧《AA 制生活》的热播，AA 制婚姻也成为一个时髦话题。从恋爱之初到结婚费用，甚至婚后的柴米油盐酱醋茶，AA 制婚姻全都来个五五分账。有人认为 AA 制婚姻有理无情，AA 本身就是个伤感情的词，也有人认为 AA 制使夫妻之爱更纯粹更简单，因为 AA 的女方更独立更自主，更不稀罕富二代。AA 制婚姻大行其道，这到底是观念进步还是感情倒退，面对生活这本糊涂账，如何才能 A 出平等，A 出独立。

本期主持人：

闾丘露薇

本期嘉宾：

陈　旭　著名律师

苏　芩　著名情感作家

43

李　莹　理财规划师

嘉宾选择：
红方：**支持AA制**
　　　陈旭
蓝方：**反对AA制**
　　　苏芩、李莹
白方：**中立**

闾丘露薇：陈旭先生是律师，经常要处理一些关于婚姻这方面的问题，听听您的分享。

陈旭：我支持AA制，但是我觉得现在这么多的"80后"为了财产问题打得不可开交，有些小孩子不会理财，与其这样无休止的争吵，干脆约定AA制，这样就避免很多的纷争。所以从家庭的和谐稳定上说，我支持实行AA制。

闾丘露薇：陈律师从家庭问题出发，我还是比较赞成您这个说法。

苏芩：AA制会让我们更有空间，不AA制会因为谁给娘家多花了一点钱，谁给婆家多花了一点钱爆发小吵闹，但我觉得这种只是小吵小闹，如果都AA了，有可能爆发更大的家庭矛盾。简单来讲，真正AA之后，不知道对方手里有多少存款，他可以不告诉我，他每个月只给家里拿两千块钱的生活费，其余的财产我不知道。所以我不赞成AA制，尤其是咱们普通夫妻，尤其是双方收入比较悬殊的夫妻。

闾丘露薇：万一其中有一方没有收入，AA制是不是无从谈起？

陈旭：我觉得不一定要弄成AA制这种模式，而是一种约定。比如说我挣一万苏芩挣两千，那AA制肯定是不公平的。那我补贴

我不知道他现在攒了多少钱

著名情感作家 苏芩

四千块钱，你也有钱我也有钱，在这个基础上咱们再 AA，我觉得这是一种约定的生活方式。

闾丘露薇：这比较像我，我现在确实是这样。不同经济状况的夫妻在处理家庭财产的时候，可以采取不一样的方法。理财师怎么说。

李莹：我不太赞成 AA 制。因为咱们一直都觉得 AA 制就是一个经济关系，在爱情初期，我们感情很好，AA 制还可以接受。但是慢慢有了孩子、双方老人，家庭责任越来越多的时候，如果把经济和家庭和谐还有长久的感情完全割裂开的时候，那到一定程度会出现一些不稳定因素，孩子责任是不是也要 AA 制？所以我觉得对于家庭长久的稳定来说，AA 制会伤害家庭的一些根基。

苏芩：我见过一些绝对的 AA 制夫妻，生活当中每一笔开销都是两人一劈一半。他们收入都是差不多，比如说要买一个彩电，这个时候就会讨价还价，一个要买一万的，那个说三千的也能看，然后就为一万的还是三千的争论很久。

闾丘露薇：这是好事情啊，知道怎么用钱。

苏芩：因为这意味着每个人要出一半，买三千一人出一千五，买一万一人就要出五千，要吵很久。比如说两个人出去，没带钱包的话，买任何一个东西都要问另一个人借钱，回到家一定要赶紧还。时间长了之后，这个日子不是说没有办法过下去，只不过觉得两个人的关系更像是一对朋友，而不是夫妻。其实有些时候钱感觉像纽带，如果说夫妻在钱这个问题上分得太清楚的话，我觉得真不像是夫妻。

闾丘露薇：你觉得伤感情。

苏芩：对。

红方观众A：我觉得我们家基本上符合AA制的标准，就是我爸妈他们可能也不知道什么是AA制，但他们真的就是这么做的。我记得我很小的时候，爸爸做生意周转不过来，他会跟我妈妈借钱，让我签公证。比如最近我妈妈生了特别严重的病，需要一笔很大的开支，妈妈临时拿不出，会跟我爸爸要，但是过一段时间会还。其实我们不必把AA制说成一种对金钱的计较，我觉得更多的是一种对家庭的责任承担，而不是真的计较谁掏多少。

白方观众B：我觉得AA制是在某一个阶段或者某种前提下的东西，如果一方没有收入，比如家庭主妇在家带孩子，老公可能会承担更多的经济负担，这种家庭就不适于AA制。但是在父母赡养这方面，还是要平均一点，也不一定说要花一样的价钱，根据需求而定。

闾丘露薇：我们来听听正过着AA制生活的当事人的讲法。张帆，你什么时候认识到AA制的？

张帆（AA制家庭当事人）：当时我们已经在准备婚礼，我先

孩子也是他的呀

AA 制家庭当事人　张帆

生跟我提出来买戒指，他说我的可以由他来买，那他的必须我来付账，我一听就蒙了，我说那行，反正一个钻戒的钱我还是掏得出来的。他说不 AA 制也可以，我们家的日常生活基金就由我来管理，如果过得去，能够取得他的信任，那么 OK，以后所有的基金就由他来掏，那么我的薪水就由我自己支配。但是很不幸，他给了我一个星期的生活费，结果我三天就花完了，第一个月的生活费被我一个星期就花完了，他就觉得不能接受，然后就很强硬地再次提出来，必须按照美国式的方法来生活，就是双方共同拿一部分薪水放在一块，装在一个信封里面作为共同基金。每一次出去要开销的时候没有任何限制，可以拿共同基金去消费，但是必须给对方通知和报备一下。这样一路走过来，我个人的感受是，我受他的影响变得越来越会理财了。因为我们的经济是公开透明的，所以我们之间的感情也是非常稳定的。

闾丘露薇：大家有什么问题？

苏芩：首先她是一个很特殊的跨国婚姻。可能我们生活中大多数人还是中国人跟中国人的结合，它更有一种中国式的背景。

张帆：对于日常生活开支他拿多少钱，我就拿多少钱，不管收入有多么的悬殊，这点钱作为女方还是应该拿得出来的。除此之外，我们有其他的约定，比如说在中国逢年过节，从来不需要提醒，他一般都会准备给我爸妈的礼金，给我家里每一个成员都派到礼物。有一些突发情况也是本着两人感情的成分在里面。2009年的时候，当时我已经买了国际往返机票，准备去看望我公婆，突然接到电话说我舅舅得了重大疾病，需要一笔治疗基金，我说我来掏。之后跟我先生电话沟通，他已经先回国等我，在这么紧急的情况下他非常善解人意，他说同意，立刻把款给我拨过来，实际上我自己是有能力支付的，但是最后这笔钱是他来掏的。这样对我们感情的升华是很有促进作用的。

苏芩：我觉得张帆这个是小钱上AA，大钱上AB，所以它不能算是绝对的AA制夫妻。

张帆：我刚才举的这个例子是突发的。

陈旭：AA是原则，非AA是例外。

李莹：我觉得张帆也是一个很成功的典范，但从更多的中国家庭来说，结婚以后就变成两家人的事，肯定会涉及多方面，就像一个微型小企业。发展过程中，可能有一个总经理，有一个董事长，不可能大家都做总经理。一个池子里的水大家一块去安排的话，可能更好，所有的账算太清楚可能会有一些问题了。

苏芩：其实我也注意到，有一些国外的朋友愿意采取AA制的方式，但是我觉得国情不一样，国外人家实行AA制过得很幸福，不能够简单地这样去对照，因为所处的环境是不一样的。

电话接通李先生：

闾丘露薇：如果说因为异国婚姻，大家觉得比较特殊，我们接通一个电话，这对夫妻都在北京，电话另一头是男主人。李先生。

李志勇（绝对 AA 制家庭当事人）：你好。

闾丘露薇：你好，能不能给我们介绍一下，你们家是用什么方式来支配家庭财政开支的呢？

李志勇：基本是 AA 制，固定资产基本是一一对应的，就是你有一半我有一半，每个人的工资收入和其他可支配收入都有自己的账户。如果需要公共开支，比如说买房子，那么大家共同出资。

闾丘露薇：刚才有理财师说，如果两个人的收入都放在一起的话，可能对于财富的增长有更大的好处。

李志勇：是的，它是有规模效益的，比如说我有十万块钱，我媳妇有十万块钱。我们共同拿出十万块钱去投资，我拿五万，她拿五万，如果盈利，一半是我的一半是她的，如果失败，各自承担成本，这也是 AA 制，AA 制并不见得不能共同合作。

李莹：你们现在有孩子吗？

李志勇：没有。

李莹：那你想过没有，如果将来孩子母亲怀孕期间，她没有收入，奶粉钱是你出还是她出？

李志勇：那这个事情可以商量嘛。

李莹：如果将来你们有了孩子，你的妻子在家里照顾孩子，是你给她开工资，开完工资再 AA 制，还是你承担所有的费用呢？你觉得 AA 制这个时候还有办法实施下去吗？

李志勇：首先，我不会允许我的媳妇在家里照顾孩子，我们两个共同请一个保姆来照顾孩子。第二，在生孩子之前，我们要考虑这个孩子是我们共同的孩子，还是属于我个人的孩子，我觉得孩子是两个人共同享有的。那么这个时候权利义务一定要均等，如果她辞职在家照顾孩子，那她就尽到义务了，我就得在财务上弥补。她付出了一个单位的代价，那我就得配套一个单位的，财产AA制实际上体现的是夫妻关系的平等，这个是总原则，在这个总原则之下AA制才有意义。

李莹：钱上可以分得很清楚，但是孩子的责任能分很清楚吗？这个是很难权衡的。

李志勇：孩子出生之后，双方所承担的权利义务，不可能量化到一个非常精确的地步，但是大概是能换算出来的，看心里有没有平等这根弦。我们在一起七八年了，账目很清楚，财产关系也很明了，所以很幸福。

闾丘露薇：谢谢李先生，问一下张帆。

张帆：我也是刚生完小宝宝，我备孕期间一直在国外，大约快临产前几个月回到北京。在这一段时间，关于AA制的话题就再次被拎上来，这个时候如果讲更绝对的AA制肯定不太公平，那时我是把工作放在一边，牺牲自己的收入。这个时候我先生特别能够理解，但是他也有一个消费原则。比如去医院做产检，买一些营养品等必需的食品开支，肯定是他来掏钱。但是像一些额外的东西，比如孕产期的化妆用品跟平时肯定是不一样的。我一个朋友就问我，那钱是谁掏的呀？我说当然是我自己呀，他说这个钱应该男方来掏，孩子也是他的呀。我说不对，这个是属于我个人的需求，实际上也可以不抹呀，很多孕妇也是素面的嘛。再比如说怀孕期间我也会跟朋友一起逛街、泡吧或者一起喝咖啡等。那这些费用不可能让孩子他爸爸也替你掏了吧，我觉得这样也是不太现实的。

资料：不管你是裸婚，还是丁克，不管你是AA，还是

著名律师 陈旭

AB，家庭生活说到底，还是一本经济账。面对难言之隐你会做何选择？是谈钱伤感情，还是谈感情伤钱？夫妻间清晰明确的经济状况，到底是一剂促进感情的苦口良药，还是一枚会随时引爆感情纷争的定时炸弹？

第二次选择：
红方：夫妻之间谈钱不伤感情
　　苏　芩
蓝方：夫妻之间谈钱伤感情
　　陈　旭
白方：中立
　　李　莹

苏芩：我觉得中国的观念都觉得夫妻别谈钱，伤感情，其实我不这样认为。我觉得两口子把钱说清楚，比双方都憋在心里对感情更有帮助。生活中很多夫妻之间，一旦爆发大矛盾，永远是把钱拿出来说事，但是平常双方都不谈钱的事。

陈旭：法律规定婚姻关系中存钱所得都是夫妻共同财产。那么在家庭生活中，既然是居家过日子讲什么你的我的，伤感情。

闾丘露薇：根据社会的进步和年轻人对金钱、物质、家庭、责任的看法，可能 AA 制更合适小年轻。我们一代、父母那一代好像没有这个概念。

白方观众 C：我中立，既然结了婚挣的每一分钱都是夫妻双方共有的财产。我觉得大事一定要谈清楚，小事没必要。

苏芩：生活中涉及财产状况的时候，如果双方有一定的协商，我觉得这对感情是有保障的，比如大家都提到的，生孩子的时候花销谁出的更多，结婚收到的礼金到底是给父母还是给我们……这些事情如果在最初的时候谈开，在日后的婚姻生活中，它就不是一个地雷。但如果之前就没谈清楚，它永远埋伏在婚姻当中，一旦发生了事情，就有可能把它牵连出来。

李莹：钱可以三七开，五五开，那责任你能三七开、五五开吗？感情你怎么分？很多东西不能那么明细化的。

苏芩：我觉得现在很多男女是不会谈钱的，尤其在婚前，谁会跟对方谈钱呐？如果谈钱，会觉得对方到底是图钱还是图人呐，一旦谈过钱之后，这俩人就没感情了。要反思的是自己为什么从一开始就没有把婚姻理性化，我们现在都是糊里糊涂地过日子。所以我觉得，一个为了家庭和谐的理性的谈钱方式是不会破坏婚姻的。相反，如果每个人都有点小算盘，或说每个人都用对方难以接受的方式谈钱，才会破坏感情。谈钱可以促进感情，可以保障婚姻，但前提是你会不会谈。

一句话总结：

苏芩：钱情互补，婚姻才幸福。

陈旭：AA 制是一种新的生活方式，可以选择。

李莹：家庭财务合力发展，长久稳定。

本期编导：赵　勃

5. 逃回"北上广"

□ 2011 年 11 月 5 日

选择北上广关键在心态。

扫一扫 看本期节目视频

      内容提示：要事业，还是要生活；要成就，还是要幸福，北上广年轻人永远的心结，是欲走还留，纠结其中，还是离开之后，又分外想念。几年前，他们带着无奈和痛楚离开这些光芒万丈的大都市，逃离北上广，而今他们又从二线城市杀了回来，小城市生活有什么水土不服，大城市有什么继续坚持的理由。

本期主持人：

  高潮东   电视节目主持人，非科班出身，幽默风趣，善于调侃，不虚伪造作，有强烈的社会责任感，人称"百姓代言人"。

本期嘉宾：

司马南   社会学者

李小平   中国社科院人口研究所

林永和   北京工商大学心理教授

刘建辉   职场专家

嘉宾选择：

红方：应该逃回北上广

李小平、司马南

蓝方：不应该逃回北上广

陈旭、陈剑峰

白方：中立

李明舜、陈彤

高潮东：曾经一度是"逃离"北上广，现在要"逃回"北上广，为什么会出现这样的现象？

司马南：有才华的、优秀的年轻人，我还是支持你们坚守北上广。

林永和：无论是走还是回，是离还是折返，我觉得关键在于

北京工商大学心理教授　林永和

心态。

刘建辉：选择成长比成功更重要。

李小平：今天觉得合适，今天就待着；明天觉得不合适，拔腿走人。

高潮东：各位都已经亮出了自己的观点，那到底逃回北上广正确不正确呢？不管是逃回北上广还是逃离北上广，都叫"逃"，而且是一个动词。为什么会出现这样的现象？

红方观众A：我觉得北京有资源，比如说医疗、上学、教育这些，北京是个很公平的城市。我是二级城市的，要当国家公务员必须有门子。

高潮东：所以说一定要回来。

蓝方观众B：我认为北上广房价高、物价高，而且人特别多，容易堵车。

高潮东：所以还是不回来。

李小平：不管爹也好、妈也好，我对杀回来的人表示一种敬佩。他是迎接挑战来的，这种恰恰是人才。有一句名言，"这个世界是由那些不安分的人创造的"。这些敢于杀回来的人等于是迎接挑战来了，这些人往往是能够真正干大事儿的，当然不是在官场，是在市场。

刘建辉：人才的定义不在于他逃离了再逃回来，在于他自身具备的能力，这是第一点。第二点，如果你真是人才，小城市同样也有沃土。不同的在于个别专业，比如说画画的、唱歌的，可能相对来讲，北上广提供的舞台会更大一点，那么就通用专业而言，未必。

司马南：人才是淘汰出来的。干吗要逃？为什么不到最能考验我们的大城市去呢？有人说我不是大学生，高中生在北京没有作为，我就认识一个有作为的高中生。

有才华的 优秀的年轻人

社会学者 司马南

高潮东：他叫黄光裕，是吗？

司马南：不是黄光裕，是姓黄，但不是光裕，是个女孩子，开始在北京做保姆，后来考大学，做了个小买卖，最后就做了几家连锁店。她那个状态啊！我真是觉得这个年轻人了不起，我佩服这样的年轻人，这样的年轻人留在北京，那也是北京的光荣。

林永和：补充司马南先生那句话，他鼓励年轻人来试一试，来闯一闯。我赞同，但是也要因人而异，有些人的依赖性很强，归属感很强，团队合作意识很差，他只愿意亲情合作，对别人都是警惕的或者不合群，可能不适合在某些陌生的环境中生存。包括那些海归们，我们当老师的见得很多，因此不分年龄，只要你适应这片土地，这块地方就能生存。

电话连线张先生：

高潮东：有一个张先生原来就是在北京工作，但是由于各方

面的压力，他选择回到了自己生活的那个小城市，现在已经离开
北京有一段时间了，我们马上电话连线他。你好，张先生。

张先生：喂，你好。

高潮东：您现在是在哪个城市？

张先生：我在石家庄。

高潮东：您当时离开北京的原因是什么？

张先生：北京已经没有生活了，在家过还是比较好的。这个
城市本身各方面竞争强度不是很大，下班以后朋友约个地方吃个
饭，无论是在什么位置半个小时就可以到。

高潮东：从收入的角度来说，您是当初在北京挣得多，还是
石家庄？

张先生：当然是北京。

高潮东：但是幸福指数石家庄要更高一些是吗？

职场专家 刘建辉

张先生：高很多。

高潮东：您有感觉到中小城市的竞争压力在慢慢地变大吗？

张先生：是有这个趋势，但我还是觉得比北京好很多。

高潮东：现在有一些中小城市的物价比北京的个别地方还要高，我们做一个大胆的假设，如果中小城市各方面的压力和竞争都提高了，您还会选择再逃回北上广吗？

张先生：可能不会吧，单纯就北京的交通我就忍受不了，上下班需要一两个小时的时间，而且是在非常拥挤的地铁，这个确实难以忍受。

高潮东：所以您选择扎根在石家庄了是吗？

张先生：对。

高潮东：好，谢谢。我们现在探讨的是小城市真的宜居吗？建辉，您的观点。

刘建辉：我们国家有 185 个 50 万人口的城市，相对来说绝大多数要比北上广宜居。有个薪酬指数，比如说我在北京挣 100 块钱，在扬州挣 80 就比北京少，不是这样的，扬州 80 其实是超过北京 100 的。

高潮东：也就是您认为现在二三线城市还是要更宜居一些？

刘建辉：应该是。

李小平：不同的年龄段宜居的概念是不一样的。我举个例子，我在澳门开会的时候，一位老教授请我去给他们学生讲了一堂人口课，然后晚上请我吃饭，就聊起来了。他是普林斯顿这种名牌大学毕业的，年轻的时候在普林斯顿发展，很牛的。他认为年轻的时候在美国合适，然后中年到了香港大学，觉得香港适合居住，最后又到了澳门大学。我说你怎么越走越小啊？他说在大河里当小鱼，还不如到小河里当大鱼嘛。

高潮东：您认为小城市宜居，是吗？

李小平：是走是留这都是理性的选择，不同的年龄段选择也会不一样。可能来大城市的时候 30 多岁，到了 40 多岁，10 几年的时间已经把一生的钱都挣完了，最后到小城市定居，不就宜居了吗？

高潮东：明白了。

司马南：我赞成李先生说的，年龄问题非常重要。年轻的时候，学习、体力、智力应当是强度最高的；中年的时候，中等强度；到老年的时候，把强度拿下来，静静地享受生活就好。

高潮东：有人说个别二三线城市的物价比大城市还贵。

刘建辉：应该是，尤其是现代化产品，比如说汽车这种高消费产品。

高潮东：对，有一些外地的朋友老到北京来买车。

刘建辉：还有就是有些本地生产的比如说菜什么的，可能会比北京便宜，但是要知道现在人的消费水平提高了，很多菜也是从各个地方来的。由于交通、运输各方面制约，二三线城市的价格反而会比北上广贵。但是小地方也有它的好处，举个简单例子，在北京，尤其北漂一族，门挨门不认识很正常，但是在家乡，比如说要找人办事，一个星期几乎所有人都能认识，总能找到认识他的。

司马南：您的说法还可以延伸，在北京，如果你不是大名人的话，你有点那方面事儿没关系，但是要在咱们县，在咱们市，尤其像刘老师这样的名人要是有点那方面的事儿，一下子就传开了。

高潮东：他总结得很精辟，我前两天刚从厦门回来，厦门是一个二三线城市，大家一般想起鼓浪屿都认为一定宜居，但是我真实感受不是这样，我觉得现在到那儿去的游人太多了，几乎都快把鼓浪屿给踩沉了。大家别觉得这是一笑话，有证据显示，每当大型节假日，鼓浪屿就会下沉几厘米。我听到当地居民说原来鼓浪屿很好，就是让这些游人给弄脏了。二三线城市也有自己的危机，小平老师是不是认同这样的观点？

李小平：不管是几线的城市，如果流动人口过多，都会改变原有的宜居性，我觉得这个问题在中国来说，短期内没有办法根本解决。因为我们需要城市化，需要通过暂住变成永住。这个过程就跟出国一样，说实在的，那些刚到美国一些访问学者，拿400块钱，跟蚁族差不多，但是他们为什么顽强坚持呢？他们就是觉得到时可以拿学位，拿绿卡，再拿个公民身份，有这个前景，有这个奔头。我觉得在北京待的人和那些在俄罗斯、非洲、美国的人是一个心理，都想在这一搏。但是反过来说，也有人回来了，但是也不能一概而论，有些人是功成名就回来报效祖国了。有些人到中小城镇去，也不能光说是逃离，也许是满载而归，在北京发了财成亿万富翁了，再回到小镇养老去了。

高潮东：林先生是学心理的，您觉得大家应该持什么样的一个心态面对小城市和大城市。

林永和：不论是去小城市还是大城市，关键在心态。这个心态相当于主持人刚才讲到的移民心态，外地人来到陌生地方要做好吃苦的准备。无论是坚守在北上广的，还是准备回家乡的，调试好自己心态特别重要。

高潮东：网友调查结果支持正方的人数是4872人，支持反方的是7650人。网友"天下无双"说："文化认同确实有很大的差距，呆过北上广，融入过北上广的人回到二三线城市会感到无所适从，二线城市的那些东西都显得那么的无聊。"网友"城市猎狐"留言说："一线城市相对来说，给人一种公平的感觉，大家做事一般都能够按照规定办事儿，而在小地方，办个屁大点儿的事儿都要托关系、

中国社科院人口研究所 李小平

走后门还要送礼。"对于真正的人才来讲，在小城市会不会感觉到有劲使不出来，司马。

司马南：我觉得这种可能性是完全有的，按照公平的规则，真正的人才可以走得很快，进步得很快，但是总有人践踏规则，这是一种不公平。所以如果我确实有本事，我着眼于发展，我还年轻，我宁愿选择北上广这样相对公平的社会展现自己的才华。

高潮东：建辉赞同哪方面的观点呢？

刘建辉：大家都认为大城市拼智力，小城市拼情商，大城市会有更多的就业机会，小城市完全凭关系，恐怕也不完全尽然。我是做招聘的，我们有专门负责招聘的猎头部门，平均来讲，关系介绍的占40%。

高潮东：也一样拼关系，一样的拼爹。

刘建辉：一样的，除非你是奇才、歪才，或者怪才，否则也是一样的。

　　资料：年轻人是留在小城市背靠大树好乘凉，还是留在大城市为梦想独自打拼，北上广机遇多，竞争强，高屋建瓴做凤尾，摸爬滚打练实力。小城市人脉广，关系多，稍有能力便鹤立鸡群，尽享荣华，当鸡头遇上凤尾，当拼爹遇上实力派，成长究竟是靠关系，还是靠能力，《全民相对论·逃回"北上广"》热议鸡头与凤尾的选择。

第二次选择：
红方：来到大城市是利大于弊
　　　李小平、司马南
蓝方：来到大城市是弊大于利
　　　刘建辉
白方：中立
　　　林永和

　　高潮东：我采访一个当事人，您原来在北京待过，然后跑回了小城市，是吗？

　　红方观众C：我是河北人，在北京上的大学，大学毕业的时候想创业，还是觉得自己各方面能力不太足，当时在北京也行，回老家就业也可以，面临这样选择，最后选择了老家，可能就考虑人际关系方面的因素多一点。经过自己努力，在当地买了房、有了车。根据自己每个阶段职业生涯的变化，需求也会不同。特别是我从事金融行业，我觉得当我各方面能力具备的时候，回北京是非常有必要的，北京确实是年轻人充满向往、可以实现梦想的地方。

高潮东：现在有这么一个观点：在大城市里面，尤其是外来人肯定当的是凤尾，如果回到家乡，爹还行，可能当的是鸡头。那一个是鸡头，一个是凤尾。你们认为更愿意做哪个或更应该做哪个？

李小平：实际上来说，这些逃走的逃回来的，都是尾，只不过他认为在北京是凤尾，在其他城市就是鸟尾巴了。

高潮东：您觉得到哪都当不了头，只能当尾，是吧？

李小平：大多数人都是尾，所以我说在北京的人是想当凤尾，他认为到那边是鸟尾巴。

刘建辉：北上广人才济济，面临的竞争非常大，即便你名牌大学毕业，你也可能从最小的地方做起，但是如果换到外地，你可能一开始就有机会被作为骨干人员培养。如果是让我选择，我宁肯做鸡头不做凤尾，在年轻的阶段当了鸡头，锻炼机会、决策机会更多，对自我成长的帮助更强，假如有机会，最好当鸡头。

司马南：反对，我觉得人在年轻的时候，首先要有一个做凤尾的经历。当凤尾的经历好在高屋建瓴，你可以看到很多比你高的人如何说话、如何行事，比方说我看潮东主持，我知道主持人应该怎么做，他就是鸡头。

林永和：人生有几个阶段，第一个阶段是不太成熟阶段，司马南先生这个观点好，跟着凤尾见识多，视野宽，文化熏陶好。相对比较成熟的时候，当个小鸡头，非常成熟地争凤头。拼凤头的人才可能当好凤尾，想当鸡头的人不一定能够攀得上凤尾。

司马南：如果说北上广是凤头，那我选择北上广，但是就具体的职位而言，无论在北上广还是在小城市，都必须也只能安于凤尾。都是从很低级的位置上做起的，很多人刚毕业就觉得自己是个人物了，上去就要鸡头，就要凤头，这种想法是万万要不得的。

高潮东：如果有这样的一个机会，在小城市你一上来就能够当鸡头，而在北京只能当凤尾，你怎么选择呢？

司马南：我是不会上你这种当的，在哪都不可能让刚毕业的傻小子当上鸡头，鸭头都不可能。

刘建辉：我们现在讨论当鸡头好还是当凤尾好，这是一个机遇问题。小城市给学历不是特别高也不是顶尖人才的人一个当鸡头的机会，但是这种机会在北上广几乎没有。

李小平：我在北京既是凤尾又是鸡头，为什么？因为我是搞人口研究的，中国社科是最高研究机构，我在这里尽管不是老板，但是我作为一个知识分子恰恰是鸡头，我就能忽悠，"一声低来一声高，嘹亮歌声震云霄"。我在烟台，我就找不到鸡头的感觉，"但有一丝吐气力，不敢此身变徒劳。"

司马南：我说两句话，简单，脚踏实地做凤尾，志存高远当凤头。

高潮东：说得好。

司马南：要把凤尾放到前面，把凤头放到后面，事物发展的规律是如此。

高潮东：来到北上广的人，尤其是大学生，会有很多困扰，那这些困扰如何解决呢？有人认为应该有一个未来的规划，但也有人说，大学生怎么规划？想规划但是不知道未来，做好现在就OK了。你们怎么看待这事儿，你们认为大学生应该有一个未来的规划吗？

司马南：我认为应当有一个比较粗的规划，大概确定目标。我们知道走正步的时候，人是走不正的，但是教员会告诉你，你盯着前面一个目标物走，你就走得直了，在管理学上这叫作目标管理。在目标管理大背景下，应当有个大致的人生规划，没有就会满地乱转，但是有了规划你也不能刻舟求剑，应当视具体情况灵活而动。

刘建辉：我觉得刘老师说得有点远了。首先，从人才角度来讲，所有成功的和较成功的人士都有规划。第二，不光要有规划，还要把规划变为行动。把规划当作一种梦想是不对的，真正的规划是为了实现这个目的我要做什么。

李小平：你说的是设计，短安排。

刘建辉：这个是最重要的。举一个最简单的例子，年轻同志谈恋爱时，经常在小树林说我会爱你一辈子、我会对你好一辈子，结果天天在家不工作、喝西北风、打麻将、遛狗、看小说、玩网游，你拿什么一辈子对我好啊？

高潮东：我觉得不需要工作了，有您这几件生活挺好的。

刘建辉：你这个规划可以不是非常遥远，但是一定要为了这个短期的目标去行动。

一句话总结：

司马南：盯住北上广，天天向上。

李小平：逃离也好，逃回也好，都是最终选择人生定位的一个试错过程，关键在于争取早日找到定位。

林永和：我躲开了这个"逃"字，就无论离开北上广，还是回来北上广，都需要认真规划，避免折返跑，心态要平和，愿大家集体思考这个话题，今天的主流话题，早日取得成功。

刘建辉：认识自己，选择适合的，管它是哪里。

高潮东：不管是北上广，还是小地方，希望大家，不再用"逃"这个字，而且不管在哪里都能够找到属于自己的那个家。

本期编导：高 淼

第二章 万象人生

1. 如何看待"台湾护照"免签

□ 2012 年 10 月 20 日

中国游客为何在国外受到歧视？

扫一扫 看本期节目视频

　　内容提示：2012 年 10 月 2 日，美国国土安全部部长纳波利塔诺宣布，从 11 月 1 日起，凡是持有台湾护照者，来美国旅游观光和从事商务活动，将获得 90 天的免签证待遇。台湾由此也成为全球第 37 个、亚洲第 5 个列入美国豁免签证计划的地区。这让许多大陆的民众感到羡慕，甚至有网友在网络上提出，这是美国对中国大陆的歧视。

　　中国大陆护照的国际地位究竟怎样？什么时候我们的护照也能免签通行世界呢？你觉得这种待遇是不是对中国大陆的一种歧视呢？

本期主持人：

闾丘露薇

本期嘉宾：

黄力泓　清华大学客座教授

任　军　凯撒旅游副总裁

赵　磊　中央党校国际战略研究所副教授

李　楯　清华大学当代中国研究中心教授

宋荣华　外交学院客座教授

嘉宾选择：

红方：确实带着歧视成分

黄力泓、任军

蓝方：不用上升到这样的高度

赵磊、李楯

白方：中立

宋荣华

闾丘露薇：大家觉得美国政府给台湾地区免签的待遇，是不是对中国大陆的一种歧视呢？

黄力泓：我觉得这个问题很简单。第一，我们必须承认自己的努力不够；第二，这确实是一种战略上的歧视。

任军：我感觉不光是美国，在欧洲和其他一些国家，中国大陆的游客出去旅游都会受到一些歧视。

赵磊：我个人觉得，这不仅不是歧视，反而是对中国大陆的重视。美国的这30多个免签国和地区有四个类型。第一个是欧洲国家，美国人把欧洲看作是它的老家，所以给点特殊待遇，这也是正常的；第二个是美国的盟国，像日本、韩国；第三个是经济比较富裕的国家，像文莱、新加坡；第四个就是小国或地区，特别是人口少的。

凯撒旅游副总裁 任君

　　李楯：我觉得这不能看作一般的歧视问题，因为歧视是人权问题，而签证是主权问题，而且签证还涉及外交上的对等原则。

　　闾丘露薇：来听听宋先生的看法。

　　宋荣华：我觉得签证说白了就是一个国家给予其他国家公民进入本国的一个许可，就像请客人到自己家来，是根据自己的利益来决定的。所以不应该说歧视或者不歧视，台湾同胞也是中国公民。

　　闾丘露薇：因为我拿的是特区护照，我们现在拿美国签证其实很容易，只要申请一次十年内可以多次往返，其实也跟拿免签差不多。我们来看一张表，关于免签国的数量问题。台湾现在是 124 个，香港是 147 个，而中国大陆只有 19 个，以我的了解，这 19 个里应该有很多是公务免签的。在座的各位都很年轻，出过国的有多少？

蓝方观众A：我去过俄罗斯、西欧和东南亚。

闾丘露薇：你是因私还是因公？你申请签证是通过旅行社还是直接自己办？

蓝方观众A：都是因私，因公有一次。签证都是自己办。

闾丘露薇：俄罗斯的签证我记得拿起来是很麻烦的。

蓝方观众A：我觉得最容易的是美国，去俄罗斯确实花了一点时间。去西班牙时，纠结了两个星期，找我去谈了三次话。但是去美国我早上7点半排队，11点半出来，就过了。

任军：从2004年欧洲开了申根签证以后，现在是做团签比较容易一些。去美国办签证确实比欧洲简单，要的材料不是那么多，去欧洲就多得吓人，而且很多是带有歧视性的。

宋荣华：我觉得从发展的角度来看，应该说是取得了很大进展。中国人的旅游目的地……国家已经超过了140个。改革开

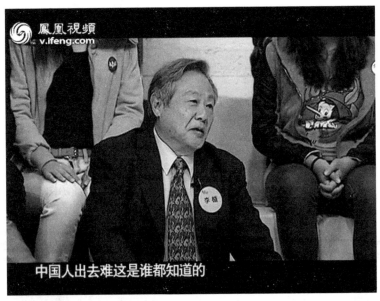

清华大学当代中国研究中心教授 李楯

放才 30 年，在这之前我们算是很封闭的。

李楯：但有一点，我们过去曾经是开放的，是在 20 世纪 50 年代才封闭起来的。

宋荣华：这是一个过程，有很多国家现在对中国已经有了重新的认识，但有的可能认识还不到位。

闾丘露薇：那外交部是不是应该主动跟各国使馆斡旋？

宋荣华：实际上这是外交部领事司的职责。跟其他国家的领事部门商谈，怎么更好地为我国公民出境游提供便利。

闾丘露薇：我们来采访一位游客。他叫黑剑，已经行走了 40 多个国家。黑剑你好，能不能跟我们介绍一下，你去过的 40 多个国家没有一个是免签的吧？

黑剑（行走 40 国旅行者）：我第一次去美国是"9•11 事件"之后，那个时候美国签证是最难拿的，险些被拒。我去的那天，前面排了 30 多个人，全部被拒。这个时候我觉得我应该做的就是怎么样取得对方信任，所以我做了一件事，问他能不能给我五分钟的时间。五分钟对于签证官来讲就是一瞬间的事，但对于我就非常非常重要。他说你要五分钟干吗，我就把我去埃及拍的照片、写的文章，登在杂志上的，拿出来给他看。我说我跟其他游客不一样，最后就通过了。所以如果我不争取，肯定就拒签了。

闾丘露薇：那你有没有拒签的经历？

黑剑：我 2005 年的时候去过一次阿根廷，那一次非常容易就拿到了。去年我再去申请的时候，把以前的签证给他看，应该是不需要再到领事馆去面签的，但是他还是要求我面签，以前去过也不行。后来我才知道有一些人以阿根廷为跳板，跑到美国和加拿大去，所以他们才会提高他们的签证要求。

闾丘露薇：谢谢黑剑的分享。这里面其实有几个原因，一是本身签证有规定，二是人太多了，你的表现很可能会起决定性作用。

赵磊：我赞同刚才黄先生的观点，这算不上是一种歧视，而是一种应对措施。确实有大量的人出了国就不想回来了，包括官员，越来越多的人想到美国去生孩子。对一个主权国家来说，这是自我防卫，是可以理解的。

闾丘露薇：素质问题，都是一步步走过来的。

黄力泓：还有一个原因是我们没有商业文明。我们一般没有正规财产记录，这就代表没有商业文明。

任军：我们一年大概组织 10 万人出境，50% 去欧洲，剩下的就是美国、非洲、亚洲等。那种出去就不回来的确实存在。

闾丘露薇：签证放松之后，自由行的人可能会越来越多。

任军：我刚才提到国民素质，这个很难改。我们大陆人出去，进了饭店还吐痰，吐在地上，大伙在一旁都看着呢，这种事太多了。

闾丘露薇：这是必经的阶段，台湾也经历过。

李楯：很难说是必经的，我同意任先生说的，改起来不容易，但关键是看你改不改。中国的五千年传统不是这个样子的，是因为我们现在自暴自弃。

闾丘露薇：因为我经常去国外旅游，会遇到中国游客，我发现其实变化蛮大的，尤其是年轻游客。他们很在乎怎么样融进这个大环境，在乎别人的看法。我想请教一下，中国政府给外国签证免签的时候，是怎么考虑的呢？

宋荣华：我们对外国游客也是有条件的，比如说要资产证明。当然随着社会发展，签证政策也是会有调整的。

闾丘露薇：那对非洲呢？

李楯：非洲也是这样，非洲的一些欠发达国家的人进入中国的也很多，有合法的也有打黑工的。

清华大学客座教授 黄力泓

　　闾丘露薇：其实我看到广州的非洲人越来越多，觉得蛮好的，证明中国也是一个目的地了。

　　宋荣华：我觉得随着经济发展，会有越来越多的国家的人选择到中国来工作。两年前我在香港工作的时候，看到一个消息，有一个美国小伙子偷渡到深圳来打工，说在美国找不到工作。当时我就想，等到了很多美国人、欧洲人都想到中国来工作的时候，我们出国难的问题就彻底解决了。

　　闾丘露薇：有没有到中国来的游客，来了之后也不愿意走了？

　　宋荣华：广州就有很多这种情况。那些人一到中国就把护照撕了，什么证明都没有，是哪个国家的也不知道。

　　李栩：要依法处置吧？

　　宋荣华：真正处理起是很难的。假如说他来自非洲，你把他送回去吧，人家会说你还跟我是好朋友呢，我几个国民待在中国

中央党校国际战略研究所副教授 赵磊

怎么了？理论是理论，实际操作难度很大。

闾丘露薇：所以中国政府现在也开始意识到，遣返非法入境者是很难的。

宋荣华：很头疼。

闾丘露薇：也能理解了为什么当年美国政府遣返非法滞留人员也遇到那么多问题。因为当时我们还在谴责美国政府。

宋荣华：要设身处地的以其他国家的利益为出发点来考虑。

闾丘露薇：黄先生有什么看法呢？台湾在过去的四年里做了非常多的努力。

宋荣华：相比之下，大陆的进步速度是比较快的。

赵磊：回到歧视的问题上。总结一句，我个人认为我们不能看轻自己，别人不给我们免签，我们不要觉得好像损失了很多东西。那么对台湾同胞来说，虽然获得了免签，但是也要思考一下，这背后是不是还隐藏了其他动机。

一句话总结：

黄力泓：心"享"事成，中国人唯有分享了，才能达到走出去的目的。

任军：旅游促进各国友谊。

李楯：中国要跨越计划经济体制给我们留下的障碍，向发达国家迈进。

宋荣华：我想总有一天，中国人可以自由地走遍全球。

赵磊：改变自己，影响世界，世界是中国的，中国也是世界的。

本期编导：郝国栋

2. 摄像头下的中国

☐ **2013 年 9 月 17 日**

摄像头的安装应与管理目标相匹配。

扫一扫 看本期节目视频

　　　　内容提示：过去十多年来，摄像头开始闯入我们的视线，在获得安全感的同时，也威胁到我们的隐私。有调查公司预计，中国监控摄像头的数量，将以每年百分之二十的速度增加，而其他国家则不超过百分之十。无孔不入的摄像头，正潜伏在我们身边，有些高档小区为保障业主安全，一栋楼内安装了上百个摄像头，号称"无死角监控"。有网友称，在摄像头之下，我们每个人都变成赤身裸体，不再有隐私可言。面对如此众多的摄像头，小区楼道内的隐私是否大于安全？

本期主持人：

闾丘露薇

本期嘉宾：

周孝正　中国人民大学法律社会学研究所所长，中国人民大学教授，
　　　　社会人口学专家

窦海阳　中国社会科学院法学研究所研究员

孔小宁　北京市隆安律师事务所律师

石佳友　中国人民大学法学系副教授

吕良彪　大成律师事务所合伙人

叶匡政　著名学者

嘉宾选择：

红方：隐私大于安全

　　　石佳友、窦海阳、叶匡政

蓝方：安全大于隐私

　　　孔小宁

白方：中立

　　　吕良彪、周孝正

　　闾丘露薇：奥威尔的《1984》可能成为我们生活的现实，你生活在老大哥的一个注视之下，对于这样的生活，你觉得舒服吗？你愿意接受这样的一个现实吗？这里面其实分两个层次，一个是在我们公共生活，另外一个是私人领域。今天我们先从私人小区来说起，那么小区是一个私人场所还是一个公共场所？

　　现场观众A：小区肯定是公共场所。

　　闾丘露薇：定义是什么？

　　红方观众A：我的理解是，非私人的空间就是公共的。

　　闾丘露薇：他的想法是，只要是在我的家门外面，其他人共同来使用的，那就应该是由政府来进行管理的一个公共空间。

　　红方观众B：小区应该是属于所有小区的业主，我认为它还是有一定的私人定义。

　　闾丘露薇：所以你觉得小区到底装不装摄像头应该是由谁来决定的？

它还是有一些公共属性在里面

北京市隆安律师事务所律师 孔小宁

　　红方观众 B：业主。

　　石佳友：关于公共空间有很重要的界定。第一，从构造上看它是不是开放的，小区楼道显然不是开放的。第二，进入的主体和出来的主体，出入的主体显然不是公众，小区主要是业主，所以它不是公共空间。

　　闾丘露薇：这又回到另外一个问题，比方说它即便不是一个公共空间，但作为业权的所有者，经过协商，觉得为了我们的安全，要在楼道里面装一个摄像头，这属不属于侵犯隐私？

　　窦海洋：我觉得如果业主共同同意，完全没有问题。

　　闾丘露薇：请教一下孔先生，您认不认同私人住宅区楼道不属于政府管辖的范围。

　　孔小宁：我觉得这个问题也是两个层面，一个是这个区域究竟是公共还是私人的。从理论上，我是比较认同石教授说的，私密性还是要强一些，但是它毕竟不完全等同于私人住宅的私密性，还是有一些公共属性在里面。

闾丘露薇：那楼道不是在私人住宅里面吗？

孔小宁：一个楼道可能有 5、6 家住户，它肯定不同于小区广场什么的。反正北京市对这种小区是强制要求安装摄像头，但是对于楼道，还是交给业主自治。

闾丘露薇：即便是像北京市政府，把手伸到了小区，是不是也有点越界了呢？因为这些小区在我的理解上面，它依然是一个私有领地。

吕良彪：未必有公共的就一定是公共区域，不是人多就一定要无原则地公开。第二，隐私仅仅是相对的。另外，我觉得人的自律需要有他律监督，包括小区，只要不是你纯粹的个人私密空间。所以，这个问题是个人的自由安全与公众知悉权的一个矛盾和平衡的问题。平衡点掌握在哪里？我觉得不要太过绝对化。

周孝正：从根本理念来讲，我们中华人民共和国的一切权力属于人民，当然人民的权力分两种：一是公权力，一个私权力，什么叫公共？一物多主就是公，一物一主就是私。比如说我们有全民私有制，我们还有一个个人的隐私，同时中间还有一个集体所有制。像小区楼道，如果这楼里就一家或者一栋楼，那就是私人了。如果这楼里有若干户，那就是一个集体。如果这个楼有 10 户人家，如果楼道想安，10 户都同意，可以，有一户说不同意就不可以。

闾丘露薇：在北京市的公共安全，宾馆、饭店、商场、医院，这里加了住宅区，还有停车场，那停车场又有问题了，是商业机构的停车场还是私人住宅的停车场。我想问问观众，刚才我们看到的这些场合，有摄像头对着你们，觉得有什么感觉吗？

蓝方观众C：如果这个地区治安条件比较落后，犯罪率比较高，有了摄像头，会感觉安全。如果这个地区相对比较安全，甚至可以夜不闭户，那么对隐私就考虑得比较多。

闾丘露薇：私人物权大家可以自己商量，但真正地公共场合谁来制订？石先生，您觉得像医院、学校，包括马路、广场，到底怎么安？安多少？

石佳友：如果这个地方装一个摄像头就够了，你装 10 个，这显然是过分的。国外还有规定，装了摄像头的地方要有显著的标牌，就是当我走在这儿我就知道有摄像头，但是我们很多都没有，这个其实是不对的，忽视了作为人受尊重的权利。

闾丘露薇：你们认为，知道摄像头的存在还是不知道，哪个会更舒服一点？

白方观众 D：如果知道有摄像头，我比较紧张，虽然我不是坏人。还有，我常开车，知道有摄像头会比较规矩。

石佳友：给你举个最简单的例子，公园是一个公共场所，如果公园里边有情侣坐在那儿，女的把头靠在男的身上，这时候它就临时构成一个私人场合，有摄像头照着是不合适的，公共场合也有隐私，也有个人利益在那儿。监视就是不应该的。

孔小宁：不是所有公共地方就都是可以监控的，我觉得要根据公共场所对安全的需求性不同来改变监控强度。比如说银行，监控就是要不留死角，所以银行不设对外的厕所。但比如说公园，虽然也是一个公共空间，但安全性要求不是很严格。所以我觉得具体问题应该具体分析。

周孝正：这里的问题关键在监控了，谁有权看？你到处监视公民，那公仆谁监视啊？

吕良彪：第一，我乐不乐意被你监控，就是公民的隐私权和知情权；第二，法律责任的问题。

闾丘露薇：我们来讨论几个蛮有争议的个案。在徐州有一所中学，学校男厕所装了个监控，学校说是为了监管男生会不会在厕所里抽烟，学校说不会把上厕所的镜头流传到外面去，你们觉得可以吗？

红方观众E：我觉得从学校的角度来说，是可以理解的。

闾丘露薇：你看，这就是很多人的理由，如果出发点是好的，是不是就可以了？

石佳友：有一个城市的公安部门装了一个摄像头，对准的是一个居民楼的窗，他说这个小区过去有跳楼的，担心再次发生才安装的，那个摄像头可以360°转动照到任何一家的卧室，这显然是过分的。他们的出发点也是好的，但我想任何住户都有种被冒犯的感觉。

窦海阳：规则的制定不能把人假设成一个好人。

闾丘露薇：另外，出租车里面可不可以装摄像头？

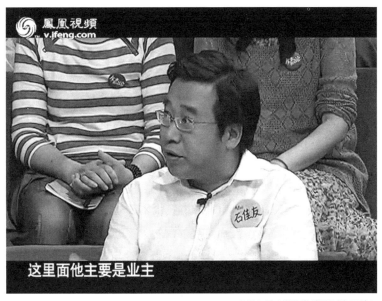

中国人民大学法学系副教授　石佳友

孔小宁：应该说还是可以，首先出租车是一个公共运输工具，毕竟不是私家车。其次，从出租车行业管理以及出租车上发生刑事案件的侦办来说，摄像头既便于行业管理，比如说拒载、乱收费、乱给发票。如果出租车上发生了刑事案件，有摄像头在也要更好侦破一些，所以我觉得可以装。

闾丘露薇：关于出租车装摄像头，支持的网友占了大多数的。

叶匡政：其实当我上了出租车就等于跟司机签了一个协议，在我使用的阶段它属于私人空间，不是公共空间，汽车才是公共空间。

闾丘露薇：那出租车也算公共交通工具啊。

叶匡政：但是车内空间是属于私人的，在车外装一个摄像头，对着外面是可以的，但是对着使用者，还是对个人隐私的侵权。

闾丘露薇：那如果是火车的车厢呢？

叶匡政：相对好一点。

石佳友：火车车厢是集体的。

窦海阳：公共场所有两个要件，一个是不特定主体，另外一个是公共进入。出租车不符合这两个要件。

闾丘露薇：拼车呢？

窦海阳：拼车也可以固定特定的主体。

石佳友：你想达到的目的是公共安全或者打击拒载，但是手段远远超过了必要性。

周孝正：从社会发展角度来看，这就是教育大大的无能和倒退。有一句老话，要相信群众相信党，学校的老师跟校长不相信学生，不相信能让他们不抽烟，家长也不能看自己孩子日记，作为家长，不好好教养他，反而监视他，这整个变成一个特务的社会，那叫倒退。所以我反对什么地铁查包，我在北京生活了这么多年，以前就没查包，不是也挺好的嘛！为什么现在就查包了呢？

吕良彪：这个和社会的倒退没有任何关系，因为法治秩序的前提就是推定这个权利是恶的，这个人可能是有问题的，那么在这种情况下，我们先小人后君子，总比先君子后小人要好吧。

叶匡政：所谓先小人后君子，就是信息只要被采集了，就可以被滥用，那么这个采集就是有问题的。

闾丘露薇：刚才孔先生也提出来，采集是采集，使用是使用。

孔小宁：即便是小区门口摄像头采集到的这些信息，也是只有公安机关才可以调阅的。

石佳友：法官嫖娼就是个活生生的例子，根本不用公安机关，他自己骗说东西丢了，就能看。

闾丘露薇：人在使用当中是漏洞百出的，那怎么去堵塞这个漏洞百出呢？

　　资料：情侣在地铁站拥吻被摄像头拍到，视频外流引发争议。男子超速驾驶被拍，开车摸胸照片风靡于网络，这些荒诞的事情，折射出摄像头使用的不规范，目前只有北京、辽宁、四川及杭州等地，出台了《公共安全图像信息系统管理办法》。其中明确规定了学校、幼儿园、停车场等人员聚集的公共场所，需要安装摄像头，但没有说明具体位置，以及如何区分公共场所。这些地方法律在细节上的不严谨，使滥用摄像头的事情频繁出现，我们能否为摄像头的使用制定全国统一法律？

第二次选择：

红方：能
　　　　石佳友、窦海阳、叶匡政

蓝方：不能
　　　　孔小宁

白方：中立

吕良彪、周孝正

孔小宁：我觉得现在没到统一立法的地步，对于安全性和监控来说，更需要根据行业特殊性来制定，银行有银行的要求，海港有海港的要求，运输有运输的要求，所以还是交给各个部委或者行业协会自己监管，没有必要由全国统一规定。

周孝正：法治国家的理念就是法不禁止即自由，说的是公民，政府必须依法办事。

吕良彪：刚刚孔律师讲的我觉得也是够呛，公安装一道，城管装一道，卫生监察装一道，这是非常可怕的。我们社会投入的管理手段、管理成本和要达到的目标，应该是大致相匹配的。比如这个地方有两个摄像头就可以了，为什么要 10 个、50 个呢，那都是纳税人的钱，还有，比如说公安、旅游、城管等这样一些公共信息，为什么不能够共享？

石佳友：我认为答案很明确，必须要全国统一立法，而且要马上着手。这个实践问题暴露的矛盾非常尖锐，什么地铁案这种事情很多。各地各自为政，谁可以查阅视频录像，吉林省说社会团体个人可以查，北京市规定不能。我看不出这种差异有什么道理，为什么一个人在北京不能查，他到吉林上海就可以查？这个没有合法性。还有一个难度在于，现在的规章都非常粗疏，政府制定的时候完全是为了方便他的行政管理。比利时 2007 年 3 月 21 号出台了一个《摄像头安装和使用法》，俗称《摄像头法》，人家都做出来了，而且做得非常好。

窦海阳：摄像头有必要统一规定，但是没有必要上升到法律层级，我觉得可以由部委进行部门规章，换一种思路，制定一个《个人信息保护法》，专章规定摄像头的安装以及主体监管等，这个

我觉得是完全没有问题的

中国社会科学院法学研究所研究院　窦海阳

也是有先例的，比如德国在 20 世纪 70 年代就制定了《防止个人信息处理滥用法》。

　　吕良彪：让一部法典来解决所有问题完全是在做梦。我为什么要认同立法，在 2009 年，我去起诉国家保密局，认为他行政不作为。因为下面公安机关滥用定义权，说一个人 PS 了跟领导人的照片涉及国家秘密，这个行为是否涉及国家秘密需要判断，你不判断就是行政不作为，我来起诉你。保密行为如何不滥用，信息公开如何做到，我觉得这是建立一个透明社会的前提。

　　闾丘露薇：比方说马跃这个个案，调不出来录像带，因为没有了，那在目前这样一个法律法规的情况下，当事人有没有办法维护自己的权利？

　　吕良彪：这可能涉及一个举证责任的例子，在公共权力机关的控制之下，应当对这个过程进行记载，你没有记载或者不能提供，那么就推定对你不利的效果，在最高人民法院的司法解释里面有这样一条规定，如果证明你手上有证据，但是你不提供出来，那么法庭就推定对你不利的效果。

周孝正：其实很简单，良知常识，你好事不备人，备人不好事，君子坦荡荡，小人长戚戚，不做亏心事，不怕鬼叫门，结果该你举证你不举证，那不就是你的责任吗？还用说吗？比如你使用了什么化学武器，人要检查，你不让去，那不就是你用了吗，还废什么话呢，我就纳闷了，对不对，太简单了。

闾丘露薇：那现在有专门的法律保障当事人的权利吗？

吕良彪：我觉得现有的法律体系，对当事人的名誉权、隐私权的保护是足够的。

石佳友：但是受害人的赔偿没有规定，比如侵权责任法，实践中认定的案例很少，多数情况下政府就觉得我已经把这个人开了，你就别闹了，就到这了。所以个人的民事赔偿权实践中还是比较难的。

吕良彪：法律上有一个惩戒的问题，一个民事救济的问题。现在只行使了惩戒，对于受害人的救济没有做到位。

闾丘露薇：我们来听一听观众用微信参与的讨论。

现场观众：说到底是国家的法律有问题，太松了，如果我来立法，我在每个角落上都安装摄像头，一旦发现有人有违法行为立刻判刑，有视频作证，害怕他不认吗。

闾丘露薇：这个又回到我们开头的问题，有很多真的是因为靠摄像头破了案。

孔小宁：咱们就说北京，如果安上了摄像头，发案率会比较低，一般来说如果一个小区，密到楼道都有摄像头，那这个小区发案率本身会低，然后公安破案也会非常简单，所以现在有些开发商也以这个为卖点，说这个小区是全覆盖，你是愿要安全还是要隐私，你自己选择，我觉得这是个人选择的问题。

周孝正：这是一个误解，全社会无孔不入，到处都是眼睛耳朵什么窃听录像，那这个社会就是个罪恶的社会。

石佳友：今年 4 月份美国的波士顿爆炸，爆炸之后 FBI 第一次主要运用视频，花了三天时间锁定嫌犯，而且使用的是一个商场的摄像头，这个比伦敦 2005 年的爆炸案快得多，所以受到很多人的赞许。在美国就萌生了应该大量安装摄像头的言论，就是在这个时候华盛顿大学法学院长 Richars 写了篇非常重要的文章，他说没有非常权威的实践研究表明摄像头数量的增加跟治安的好转有相当关系。反过来有很多其他的数据，说摄像头带给我们的安全感是一种幻觉。在很多欧洲国家，视频资料作为证据效率的可采性是一个存疑，很多国家不认为视频资料是一个独立的证据，它必须要跟其他的证据关联，现在我们的问题是警察过分依赖视频，没有视频破不了案，西方国家正好认为这种依赖是很可怕的。

吕良彪：十几年前我到白宫去参观的时候，镜头监控非常厉害，我觉得为什么不推广啊，我再到欧洲去，在一个宾馆门口把包丢了，我们要求宾馆把录像调出来，他说没有录像的，因为侵犯个人的隐私。

石佳友：每一个人都要受到尊重。

吕良彪：这个和尊重并不矛盾，并不是说没有社会控制，就有了尊严，有了尊严就必须排斥社会控制。

石佳友：如果每个人都生活在《1984》，在老大哥的注视之下，我觉得这不是幸福，因为没有自由。

闾丘露薇：摄像头到底怎么装、装不装，每个人都有表达和参与的权利，人不能偷懒，有时候，不自由让你活得好像很轻松，自由会很辛苦，你要做各种各样的选择，但是选择的权利才是真正幸福的生活。

一句话总结：

石佳友：自由大于安全，民主社会里，个人的自由是第一位的。

叶匡政：良好的社会秩序，无法通过无所不在的监控来实现。

周孝正：我们的安全是新鲜的空气，清洁的饮水，安全的食品。

吕良彪：坚守权利的边界，不要去侵犯公众，不要去侵犯别人，多做自我反省，另外，捍卫人权，限制公权。

窦海阳：不能以安全为由践踏个人私权。

孔小宁：把隐私和安全的选择留给个人。

本期编导：王梦妮

3. 以房养老，我们的养老谁做主

□ 2013 年 10 月 24 日

子女赡养老人 继承老人房产是权利。

扫一扫 看本期节目视频

　　内容提示：近日，国务院公布的《关于加快发展养老服务业的若干意见》正式出台，其中提出开展"以房养老"试点，引发各界关注。业内人士指出，住房与养老两大产业结合是未来的趋势。也有舆论质疑政府在推卸养老责任。

　　"以房养老"提出已有十年，在南京、上海、北京等城市试点，但效果并不理想。中信银行也曾在 2011 年推出"以房养老"贷款业务，成交案例几乎为零。民调显示，只有 8.8% 的受访者选择把房子抵押给金融机构。

　　"以房养老"政策是否可行？推行"以房养老"的时机是否成熟？

本期主持人：

闾丘露薇

本期嘉宾：

王振耀　北京师范大学公益研究院院长

潘锦棠　中国人民大学劳动人事学院教授
唐　钧　中国社会科学院社会政策研究中心秘书长
刘　艳　北京大学政府管理学院博士
曹保印　资深评论员、作家

嘉宾选择：
红方：支持以房养老
　　　刘艳
蓝方：反对以房养老
　　　曹保印
白方：中立
　　　王振耀、潘锦棠、唐　钧

闾丘露薇：今天我们要讨论的话题是当你老了之后，怎么办呢？如果你手头有房子，拿来养老可能是一条途径，但如果没有房子，又怎么办呢？网络调查，支持以房养老的只占了6.8%，57.81%的网友表示不支持，觉得这应该是政府的责任，还有35.39%提出了这样一个问题：万一我没有房子呢，那拿什么来养老呢？

刘艳：以房养老本来就是给有房子的人，或者有固定资产的这些人准备的，它不属于基础养老，这是第一个。第二，以房养老政策出台的时候，就没说清楚，这是政府的问题。但是老百姓也有一定的误读，实际上以房养老很简单，它不是一个强制性的法规，更不是一个强制性的政策条规条文。实际上，这里边唯一需要改进的，是政府公信力的提高，怎么让老百姓相信你，实际上以房养老可以成为我们生活中的一种理财方式，同样它能够变相减轻很多基础养老所带来的资金缺口和不足。

曹保印：这时候老百姓的反应是完全可以理解的。一开始政府说给你养老，后来又说养老不能靠政府，这样一个社会背景和整个政策的大变化，让中国的老百姓有了一种恐慌感，那将来我的房子给了银行，银行说话就算话了吗？

闾丘露薇：刘艳强调的是，基础养老是不受影响的，以房养老只是给你更多的一个选择。

曹保印：我第一反应是，以中国的商品住宅的寿命而言，我还没老，它都已经老了，城建部副部长在一个公开的场合说，商品房的平均寿命只有 30 年，这是我最担忧的。第二，如果我的财产我可以自由处置，给银行也罢，我给各种抵押机构也罢，给典当行也罢，这完全是我的事情，你为什么要来插手，你既然要插手，肯定有你要考虑的利益在内，这个世界上没有便宜的事。

潘锦棠：就这个问题我先站在刘艳这边，它确实是一种补充，只是一个保险产品而已，它不取代基本养老，好多保险公司都想做，但是政府第一次出台允许这么做，这个很重要。

曹保印：我反对，很多专家学者在分析这个事情的时候，有意地规避了很多关键性的东西，人家的房产是多少年？我们的房产是多少年？我们的房产是 70 年，人家的房产买来以后，从天上到地下全是自己的，我们买的实质上是一个空中楼阁。

唐钧：对于以房养老这件事情，我们在讨论，民政在苦笑。这个文件确实没有要求大家都把房子抵押来养老，公众为什么要质疑以房养老？因为延迟退休年龄，已经高福利了等等很多高层官员的话已经造成了大家的恐慌，现在一看到反向抵押贷款，大家就心慌了，是不是政府又在打住房的主意了，我觉得这个是我们应该认真去检讨的。

王振耀：我觉得两边都有合理的地方，保印他们说得有道理。万一地方政府要强制推行，拿这个就当圣旨呢。咱们国家闹出这种事的，多了。文件读起来是这样没错，但是，为什么老百姓有这种情绪呢？关键是三个方面有大漏洞：第一，新加坡的老百姓80%是住公房，香港40%的人住公房，北京有多少人住公房，全国有多少人住公房？公房在哪？这一个问题没解决，所以说起来谁都慌。第二，保险主要是解决大病的，咱这大病它不解决。第三，就是养老，基本养老只是填饱肚子的养老，现在平均养老金不到两千，进养老院一个月两千，交不了。

闾丘露薇：公立的也进不去。

王振耀：政府这方面好像大家得互立保险，没有什么部署，所以存在着这么多缺口，你政策稍微有一点点新词，就全民敏感。

闾丘露薇：观众朋友们听完以后是不是觉得特别彷徨了？

蓝方观众A：他剥夺了我继承我父母财产的权利。以房养老政策的引导面是好的，但是只能作为中国公民的一种权利，而不是当成一种政策推行。

唐钧：他讲得很有道理，但是不全面，全世界只有中国用法律规定子女赡养老人，权利和义务是对等的，子女赡养老人了那子女继承老人遗产也是你的权力，以房养老仅仅是作为一个市场行为去做，是双方自愿，作为一个买卖去做没有问题，作为一个政策推行跟上位法下位法都有冲突。

曹保印：刚才唐老师说的有一个政策背景，当年讨论要不要将子女有义务赡养老人列入法律的时候，有的人说不应该，本来人老了是政府的事，怎么是儿女管，政府没有这么多钱就让儿女管。

闾丘露薇：对于以房养老实施的障碍，一万名网友中， 87%的人认为是只有70年的房产产权。19.9%的人觉得房子应该是留给子女的，所以这样一个业务应该推行不起来。那21.48%的人认为适用人群太窄，因为有房子的人还比较少。2.97%的人是觉得金融机构会担风险，所以发展不起来。33.78%的人认为没有相关

《新京报》首席评论员 曹保印

的法律，现在去推行不太恰当。

　　刘艳：最后一条说相关法律还不完善也就囊括了前面很多细节，住宅用地70年产权年限问题，这是一个非常大的概念性的区分，我们的土地是70年，换句话说，就是房子永远是你的，只是土地只有70年，你得给我还回来，所以大家心里边不踏实。关于第二条，不是所有的人都有能力去具备这样的传统观念，所以第二条实际上是很小的一个阻碍。第三个适用人群太窄，这就对了，以房养老本来就不是给所有的人准备的，政府一个很重要的职能，就是引导社会公民有更多的社会多元化的选择。第四，实际上双方都觉得有风险，个体觉得自己是弱势群体，金融机构觉得房价的波动，包括老人的寿命等等，都是它的风险因素，这里边就缺乏一个角色，就是政府的担保功能。

　　曹保印：我们所讨论的也恰恰是这个前提，比如说我们是不是一个完全的市场经济国家，我们的房产是不是完全由市场说了算，市场不是这样玩的，市场游戏规定也不是这样做的，如果没有居间的一个真正公平合理的评估机构的话，本来值五百万的一套房子，被银行评成一百万了。

刘艳：三百万，剩下两百万寻租了。

曹保印：这样一来我去找政府部门投诉，政府说这是你和银行之间的买卖，跟我啥关系呢，我只不过出了个意见而已。

潘锦棠：所以找谁来估是个问题，有的国家最后找一个有政府背景的评估机构，就是说纯商业。

唐钧：如果讲成市场化的话，市场上很多因素是不可预期的，因为保险一定要做精算，精算必须要有可预期、可靠的影响因素才能去计算，所以我认为银行是不可精算的，它没法去做。

闾丘露薇：所以它就不愿意去做这种事情了。

唐钧：上面可能会有压力，我们一直讲国外运行得多么好，但有一点，在美国次贷危机的时候，有银行敢收房子吗？所以很多事情不是那么简单。

王振耀：现在政府管理方式该转变了，现在国家一看到群众舆论，政策马上就变了，舆论是一个法治国家非常忌讳的。咱们今天讨论的是管理方式，这一次以房养老，我体会很深，跟过去那些年不一样，大家讨论的是怎么操作，操作了之后会触发到多少人的利益和现行的体制，一个简单的口号会引出无数的矛盾。

闾丘露薇：大家刚才一直在讨论的是一个假设，但我觉得其实有一个重点，第一它不能成为一个公共政策，第二要小心的是，即便它不是一个公共政策，但在中国如果你提倡某一个方向的话，是完全有可能变成某些地方的公共政策，第三就是在落实的时候是有很多问题的。

刘艳：对。

曹保印：你的意思是五十年以后可以实现。

资料：专家称，2012 年底，中国 60 周岁以上老年人口已达 1.94 亿，再过 20 年，养老金缺口将达 10.9 万亿美元，到时候，现在的"70 后"、"80 后"将面临无钱可养的窘境。面对日益严重的人口老龄化，"以房养老"是否是在替政府解围？

闾丘露薇：网友关于以房养老就觉得自己过得好辛酸，怎样保障自己的权益，对于政府，如果没有更多的投资渠道，政府基本养老的负担就会越来越重，会吗？

刘艳：政府有一点是必须反思的，以房养老给个人有了多项选择，为什么我们不能反过来想，以房养老也可以给政府更多的选择性，它可以选择不同的政策，也可以多元化，实际上我们不得不面对这样一个现实，就是在 2011 年、2012 年，大概我们养老金收支的缺口在七百多亿这样一个状态。

曹保印：那我们交的养老金到哪去了？

唐钧：2011 年，中国养老金支出不到一万亿，政府补贴的是两千多亿，大概只占到百分之二十不到。剩下来的钱是单位交的。

闾丘露薇：就是每个人每个月交的那个。

唐钧：单位交的和个人交的。

王振耀：你们一说这我就害怕了，报纸上、舆论上一说养老金有缺口，农民还没进来呢，养老金养点城市人就养不活了，马上你们就会觉得国家将来怎么办呢？完了，这国家农民都没进来，城市人就算缺口了。

闾丘露薇：农民是大部分人口。

唐钧：我特别支持你这个意见。

王振耀：然后养老金其实恰恰刚刚开始一个改革，需要提升，那是管理方法有问题，是体制有问题，各种算法有问题，理念有问题，养老金制度就应该调整了。

刘艳：房地产的资产总量在200万亿，换句话说，如果拥有这200万亿里边的一半，或者说，将少部分已经步入老年或者即将步入老年的人们的社会资产盘活，一定会减轻老百姓对基本社保的依赖度，同时政府有更多的可能性或者说是能力去扶植农村等等。

唐钧：你的思路很不清晰，其实你这样一讲的话，老百姓是很害怕的。

闾丘露薇：我也想说。

潘锦棠：这两个方面绝对要分开，我现在还倾向于政府是做了好事，虽然现在政府引起大家众多的批评，但是好多地方确实

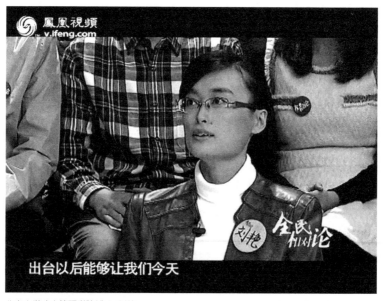

北京大学政府管理学院博士 刘艳

是应该的，也不能把政府做对的地方一概否定。就这个政策本身我觉得政府在承担责任，发生纠纷的时候，政府要来裁定，他写了这句话以后，就等于把这个活揽在自己身上。

唐钧：刚才他们两位都讲到一个政府承诺的问题，但是也许有很多老百姓怕的就是政府承诺，因为政府承诺了以后，反悔的事太多。

王振耀：现在是这样，一个简单的政府管理非常复杂的事务，简单政府是什么呢？过去就等于咱们常说的传统辅导政府，它是以行政为主导的，没有经过复杂的政策去决策过程，非常简单，现在一系列的责任太简单化了，一个处长可以决定13亿人的事，它能代表吗？

闾丘露薇：王先生提出的是政策的不稳定性，唐先生，比方说政府的管理已经相对比较成熟的时候，也体现出了它愿意管的这样一个意愿的时候，它愿意写上这句话，如果它不写，这个市场永远不会有。

唐钧：自从大家讨论这个问题以来，可以看到一些迹象，我也接触过一些金融机构，如果要出政策，金融机构第一个想的就是有吸引力。比如说你房子抵押给我，你那房子估价五百万，我每个月给你两钱，好像很多，但是你想五百万除以20年，一年是25万，每个月多少？所以你一点便宜也没占到。如果你活不到八十岁，那么多余的部分，你子女可以去继承，但这就违背了一个保险的大数定律。而活过了80岁的人后面这一部分谁来养？所以其实他们想要国家来养这一部分，仔细一想这也是不公平的，有房子的人国家就养你，没房子人国家就不养你，不是变成这么一回事了吗，所以我觉得这个事情真正要去做的话，背后要解决的问题太多了。

曹保印：如果一个人60岁的时候把房子抵押给银行了， 65

岁死了，那么剩下的钱归谁？我们现在是归银行，银行大赚了。

王振耀：照这样一说，我真怕了，大家都是说，我要没人养了怎么办？那以房养老就是真养老，国外都是在有很好的社会福利制度的前提下，以房养老作为调节，那是享受，咱们现在真变成养老了。

刘艳：确实有担心。

王振耀：这问题就大了。

唐钧：并不能是基本养老。

王振耀：千万别混这个，就说我将来没房子了，或者说那贷款没了。我养老照样养，基本养老不用愁，不过生活就没那么好了。

闾丘露薇：我觉得养老是一个社会的基本福利，政府和社会应该承担一个最低的安全网，也就是当你有 30 年觉得自己没钱的时候，政府和社会是应该要养你的，但是当你自己有房子，这个社会应该有更多的渠道，让大家可以变现，或者有其他的选择，让我们的养老生活变得更丰富、更优质。

一句话总结：

刘艳：以房养老，将现实装进梦想。

潘锦棠：高按揭以房养老，是一个很有希望的产品，高按揭以房养老是一个狭义的以房养老，以房养老也可以是广义的。

唐钧：高按揭难成大器，过度诠释没有力量。

王振耀：养老应该成为社会的责任，以房可以改进养老品质，千万别说以房养老，太可怕了，这是一个社会责任，是我们的保险制度应该做的。

曹保印：去梦里以房养老吧，走你。

本期编导：郭志坚

4. 低龄留学黑洞

□ 2015 年 3 月 11 日

志愿者不能替代父母，离家留学成长有缺失。

扫一扫 看本期节目视频

　　内容提示：2015 年，正在召开的全国"两会"成为全民关注的焦点，而教育改革话题更是讨论的热点之一。3 月 3 日，教育界政协委员徐玖平说："中国基础教育底子扎实，内容丰富科学，除了要减负，并不落后于西方'放羊式'教育，绝不把 9 岁儿子送出国读书。"然而，中国与全球化智库发布的《2014 中国留学发展报告》显示，当前中国留学发展正呈现出明显的"低龄化"趋势。据美国国土安全局统计，在 2005 到 2006 学年间，仅有 65 名中国中学生持因私护照在美国读书，到 2012 到 2013 学年，美国私立高中已有 23795 名中国学生。也就是说，七年间，去美国读书的中国中学生数量增加了 365 倍。那么，问题来了！中国基础教育与西方基础教育哪一个更适合孩子成长？低龄出国，独立生活究竟利大弊大？我们的孩子适合留学吗？

本期主持人：

间丘露薇

本期嘉宾：

斯　琴　北京新东方前途出国欧洲部总监

毕　莹　北美移民咨询专家

储朝晖　中国教育科学研究所研究员

王小东　中国青少年研究中心研究员

嘉宾选择：

红方：赞成孩子在中学的时候到国外留学

　　　　斯琴、毕莹

蓝方：不赞成孩子在中学的时候到国外留学

　　　　储朝晖、王小东

白方：中立

闾丘露薇：今天的辩题和为人父母以及即将为人父母包括是年轻的你们都有关系，如果你是父母，你赞不赞成让孩子在中学时候到国外留学呢？今天嘉宾立场比较鲜明，没有人中立。

斯琴：留学要早规划，早行动，留学要趁早。

毕莹：要让自己的子女摆脱现实的奴役，而非适应现实，所以选择极早地去受西方的教育。

储朝晖：让孩子能够有自控能力了以后，再去留学。

王小东：如果你的孩子真能够培养成才的话，那还是让他读完大学本科以后，拿全奖出去才好。

闾丘露薇：您对人才的定义是什么呀？

王小东：你得在这个社会上混出个样来吧。

闾丘露薇：什么叫混出个样儿来呢？

王小东：在课堂作业上最起码是比较行的人吧，做生意也好，

北京新东方前途出国欧洲部总监　斯琴

做学术也好，搞政治也好，像您这样做主持人也好，您不就是一人才嘛，大致上照您这参照就可以了。

闾丘露薇：其实每位家长都希望自己的孩子成为一个什么样的人，这定义不太一样，你让孩子接受一个什么样的教育方式，就关联到你到底想让孩子成为一个什么样的人。

红方观众 A：目前中国的教育制度还是属于比较老套的，只是唯成绩论的话，中国学生不怕，但是综合方面，中国学生还是有一定差距的，我觉得应该尽早地把自己孩子送到国外接受一些不同的教育方式。

闾丘露薇：您有孩子吗？

红方观众 A：我小孩比较小，就一岁多，我会让他小时候接受相关培训，等到十六七的时候，他觉得可以了，我觉得我的财力也达到了，我还是要送出去的。

闾丘露薇：那你身边有没有遇到一些或者同龄的从国外学习回来的人？

红方观众 A：有。

闾丘露薇：你觉得他比你厉害吗？

红方观众 A：差距不是特别大，但是见识面、知识面的话，有点差距了，但是中国古典文化方面我还是不怵的。

王小东：你怵我吗？我就在国外学习，你要这么说的话，我应该知道的比你清楚，我见识比你多。我想提供一点信息，我手机里有一个材料，是加拿大安大略省关于儿童性教育的大纲，教孩子 12 岁的时候进行非主流的性行为，他们从小给孩子灌输一种思想，就是不管男孩儿还是女孩儿，生理没关系，主要是自己的想法，家长们看看，你们把孩子们送到那儿放心不放心。据说加拿大安大略省的女省长是个女同性恋，当然，她的性取向是她个人的自由，但是我觉得她把这种非主流性取向强加给孩子，我肯定不会往那儿走。

闾丘露薇：根据《中国 2014 年留学发展报告》的统计数据，家长把孩子送出去的理由，最主要的是想让他们有更好的教育质量。红方嘉宾，你们在辅导或者提供咨询给家长的时候，你们认为在未成年时期选择去国外留学的好处在哪里？

斯琴：在选课的方面，课程设置比较多样性，孩子选课自由度更大一些，这是第一点。第二，考核，一般分成三个部分，首先是课堂的表现，如果考试不好，但是你非常努力地在学习，你的态度得到了大家的认可，这也会给你加分；其次是小组作业，你的领导能力、小组沟通能力，都会计算在分里面；最后一个才是考试，考试反倒不是分出学生三六九等一个最重要的原因。

毕莹：如果等我的孩子高中再出去的话，已经晚了，他的性格还有他的人为观点他的文化环境已经固定了，很难再改变。国外有非常好的体制，当这个孩子处于叛逆期和不喜欢学习的时候，会有一个叫 volunteer 的志愿者来帮助你，这是家长完全无法融入进去的。我跟麻省理工的一个老师聊过，他的孩子

北美移民咨询专家　毕莹

就是在初中的时候有点叛逆，他无法跟孩子沟通，当时在美国的 volunteer 就跟孩子聊，用了四周的时间，这个孩子就再也不会有这种叛逆性。初中是一个最转折的点，孩子如果想知道自己未来的方向，要先去西方。等到大学以后再出去，如果路选错了，就没有机会再回头，但中小学就出去，即使错了还可以选择半年以后再回来，还能够继续发展。

储朝晖：初中时候，大多数是十几岁的孩子，他的一个基本的发展状况是自控能力还不够，志愿者是能够起到一定作用，但是志愿者不能替代父母的作用。父母和孩子的交流，哪怕不是上课，不是正儿八经地讲什么，就是见个面或者是吃一顿饭，都可能在孩子心中留下一些印象，如果离开了这个环境，孩子就算有很多发展，都存在缺失，我不赞同低龄留学主要是这个原因。

闾丘露薇：很多家长都会觉得国外的教育质量或者教育方法要比国内有优势，或者说更适合自己的孩子。

王小东：其实中国的基础教育是非常好的，不知道为什么被某些利益集团或者不太懂的人给妖魔化。英国教育部长说西方花了40年的时间才认识到他们那套所谓开放式的教育体系是不成功的，中国填鸭式教育体系才是成功的，最近他们想要把上海的一套书引到英国，要求就说完全按照上海的进度走，英国的教育高官就说了，要照搬复制中国的教育方式，人家那是痛定思痛，知道哪个好。上海的学生在国际化的标准测试当中，语文、数学、自然科学三项都是世界第一，就是中国最偏远最差的地区，也超过了发达国家的平均水平。说老实话，你们如果有闲钱把孩子送出去，就千万别再回来了，我们中国人口太多，省我们粮食挺好的，但是对你们孩子未必好。

闾丘露薇：人家回不回还是人家的权利。

王小东：我就是一个建议。

闾丘露薇：这就是为什么我有一些美国回来的朋友选择留在北京，有雾霾也没关系，他们很大程度是想让自己的孩子在未来出去读书之前，能够在这里接受比较扎实的基础教育，很多中国人就是两边都不想丢。

毕莹：我们的教育除了在教育体制上有问题，家长的教育也有问题，有能力出国留学的家庭，都是经济实力比较好的，这些家长要不就是企业主，要不就是政府官员，他们可能每天都在外边忙，家里边经常见到的是保姆。我的一个客户，非常非常有钱的上海人，他们的孩子10岁，一进门衣服扔到地上，有一堆人追着帮他捡，他把孩子送到日内瓦去上学，现在到了那边完全不一样，过去之后孩子的自立性变得更强，完全可以自己做很多的事情，他觉得非常好。我也是受过美国教育的，我的改变在于跟外国老师沟通的时候，他对我的认可增加了我的自信，所以我觉得越早出去的话，可能让他很快能在各方面有一定的自信。

我们的观众朋友吧

中央教育科学研究所研究员　储朝晖

储朝晖：家长很忙又有钱，在教育孩子上有缺陷，这种中国家长实际上是少数，但是现在低龄出国留学的增长速度是很快的。有很多不一定有钱的，也不一定是完全没有方法教育孩子的，在这种情况下他追的是大家都出国留学了，我也要赶紧把孩子送出国。这本身带有一种盲目性，所以我觉得家长对孩子要更理性一点，要多种因素同时去分析，不要单一地去追求是不是留学。

王小东：凡人傻钱多的别听我的，我主要说给那些人傻钱还没那么多的人听。来之前我在微信上征求了一下朋友的意见，其中有一个男的，高管，他就说不要这么小送孩子出去，就在中国学习挺好；还有一个女的，是一位行长，官很大了，就不听，非送出了，结果高中送出去的到现在混了十年还没上大学；还有一个人说他侄子高二出去的，本来应该一年后就上大学的，结果混了三年，现在回来从头上高一，你说这不耽误事儿嘛！凡是人傻钱多的，赶紧出国，出去一个少一个，提高了咱们的智商降低了他们的智商，挺好。

闾丘露薇：其实好的例子也有很多，糟糕的例子也确实不少。我们电话接通了一位正在荷兰留学的中学生，听一听正在外面读书的这个小朋友他自己的感受。

电话接通荷兰留学的中学生霍西：

留学生：主持人，您好。

闾丘露薇：能不能给我们介绍一下，你是在荷兰读几年级呀？

留学生：我是2011年初三毕业的时候来到荷兰读高中，现在高三。

闾丘露薇：毕业的时候去荷兰读书，是你的决定，还是你父母的决定？

留学生：其实我当时也蛮想开阔下自己的眼界，去国外感受一下。然后我父母也有这方面的意愿，就一拍即合。

闾丘露薇：您是在寄宿学校，还是在寄宿家庭？

留学生：我在18岁之前住在寄宿家庭里面。

闾丘露薇：能不能给我们分享一下和寄宿家庭的相处，我知道前段时间有一篇文章在网上传得挺热闹的，一个去交换的中国高中生在寄宿家庭矛盾闹得挺大的。

留学生：对对对，我以前也和寄宿家庭有过矛盾，比如说有一次暑假，他们非常希望我去和荷兰孩子有一个交流，能经常出去玩一玩，参加荷兰学生的一个暑假夏令营，但是我比较喜欢在家里面，上上网，和国内的朋友聊聊天，然后他就觉得我不太喜欢融入荷兰生活，两个人因为这件事情，发生过争执。另外就是饮食方面也有很大的区别，因为我是南方人，比较重口味，喜欢吃酸、吃辣，但是荷兰人很难吃辣。

闾丘露薇：你们学校里面中国人多不多？

留学生：我的高中一共有三个中国人，除我之外剩下两个都是在本地出生的。

阎丘露薇：那你和这些荷兰的同学相处比起以前的初中同学，有什么不一样吗？

留学生：刚开始不会说荷兰语的时候，和荷兰同学确实有很大的鸿沟。我来自一个有着五千年文化的东方古国，他们现代文明程度比较高，两个人肯定就会有想象的差异。但是后来我真正把荷兰语学会以后，其实除了一些思想文化不同，剩下的都还是蛮好打交道的。

阎丘露薇：那么小去读书，分享一下你的经验。

留学生：如果父母可以一起陪伴读书的话，可能会比较好一点。孩子会非常非常想家、想父母，然后又不敢在外面和生人交谈，就容易形成一个非常孤僻的性格。

阎丘露薇：好的，谢谢，谢谢你的分享，祝你读书读得开心。我想问问白方的观众朋友，听完之后是继续中立呢，还是想向某个方向稍微地偏移下。

白方观众B：首先我算是一个高龄留学生，我是本科毕业以后去英国留学的，在那边待了五年。我先说一说这个小留学生出去以后面临的困难和问题。

第一，自控能力。出去以后，好多男学生就是赌博，因为在中国受到约束很多，国外赌场满地都是，我见过很多学生去了第一个月就把一年的学费全输光的；而女孩可能就是买奢侈品，一个包接一个包地买。

第二，文化的冲突。在英国、美国经常见到中国城，但是没见过西班牙城或者是法国城，因为只有中国人喜欢扎堆在一起用普通话交流，所以很多留学生呆了若干年，回来发现还是讲不了一口流利的英语。

我今天之所以坐在这个位置上，是认为也不能一棒子打死，如果家长能陪伴，学生有很好的自主自立的能力，到国外去见识一下还是很好的。我自己家就有一个例子，我的表妹初中就去了美国，在TOP5的大学里读本科，很快要进入华尔街工作了。所以我觉得这个事情要从两方面来看，依据各个家庭的实际情况。

　　资料：3月5日，中国教育部发布了2014年度中国出国留学人员情况。2014年度与2013年度的统计数据相比较，留学回国人数增加1.13万人，增长了3.2%。随着逐年增长的回国人数，归国留学生就业问题也逐渐凸显。据启德教育发布的《2014海归就业力报告》统计，有43.0%的海归表示，企业用人需求和自身的差异大是找工作时遇到的最大困难，同时也是各国海归在求职过程中遇到的普遍问题。曾经的语言优势，海外教育优势，如今是否还会受到用人企业的青睐？留学生与中国数量庞大的毕业生相比，还有哪些竞争力？

第二次选择：
红方：**依然有优势**
　　　　斯琴、储朝晖、毕莹
蓝方：**没有优势**
白方：**中立**
　　　　王小东

　　闾丘露薇：嘉宾有了一些变化，王先生选择了中立。今天现场有一位嘉宾现身说法。
　　党博：我是本科毕业以后，在国内工作了一年多的时间，然后选择去英国留的学。

闾丘露薇：那份工作怎么样？

党博：是一个垄断国有企业的。

闾丘露薇：那工资待遇应该不错吧。

党博：这是大家理所当然的想法。

闾丘露薇：所以我的想法错了？

党博：对。

闾丘露薇：那是不是因为这个原因，你要去国外留学？

党博：有一部分原因是因为这种落差，觉得对一个年轻人来说，希望会有一些变化。当时也是想走个捷径，选择了英国的研究生教育，它的时间比较短，我想打一个时差，但最后总体算下来，其实时间成本是非常不划算的。跟我同龄人相比，他们的事业都已经进入到一个非常稳步上升的阶段了，我才刚刚回来，也就是刚刚起步。

闾丘露薇：金钱成本呢？

党博：我的花费在留学生中算是平均水平，可能平均偏下，我有时候会在那边勤工俭学，打点小零工什么的，总体来说还是 OK 的。但是综合我现在刚刚回来的收入水平，以及我预期的两三年内的收入增长水平，以及国内经济总体的一个大环境来说，我觉得还是有点不划算。

闾丘露薇：你觉得你大概要花多少年才能把这个教育投资成本赚回来？

党博：以我现在的发展，我感觉需要五到十年。

闾丘露薇：透露一下，他干的是一个低收入的行业，我们这个行业。所以你这个成本收回更需要一个时间。

党博：需要时间。

闾丘露薇：历年回国的人是越来越多了，数据显示，80% 以上的月薪不超过一万块，我不太清楚，月薪一万是高薪还是中等啊？

王小东：我觉得应该算高薪，但是看谁拿，体制内的拿一万，其实挺富裕的，因为他有好多其他福利，体制外的话，这一万付个房租啥的也剩不下什么了。

闾丘露薇：海归回来想进体制内又难了对吧？

王小东：现在不容易了。

斯琴：我觉得还是要支持出国，我也是在英国读的书，读完书以后回国就业，我本身也是受益的。反正我现在招员工的时候，我明显地会偏向海归，因为我觉着他们看问题的角度比较全面一些，不那么偏激。

毕莹：通常我认为回国就业比较难的一部分人是本科以后出去的人，或者说高中以后去读本科的人，这种人在当地的语言融入上非常的难。我们帮助过清华的本科生出去，还是读英语专八的，在那边适应都会需要很长的时间。这种人通常出去以后只会拿到一个文凭，他并没有找到当地的工作机会，因为

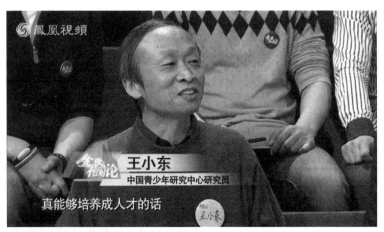

中国青少年研究中心研究员　王小东

外国的工作机会是留给语言非常好，而且懂西方文化能跟新人在一起的人。如果没有海外的工作机会，回到中国来就没有就业优势，所以中小留学生出去以后，在外国有了哪怕是简短的工作经验再回来还是会有很大的增幅空间。

储朝晖：我认为在相当长的一段时间内，留学回来找工作还是有优势的，很多人家里很有钱，如果这波人还在国内上学，他找工作依然很困难，但是如果他在国外上的学校很好而且已经找到工作了，就没必要回国了，总体来讲，还是有好处。

闾丘露薇：王先生刚才说你是利益者，我解释一下为什么，我们拿香港来举例子，第一批跟你差不多年纪出去留学的读MBA的回来，就可以在各大同行做到高层了，但现在即便是名校的MBA出来要去找一个类似的工作已经是非常困难，这里面一个很大的原因是因为人多了起来。

王小东：对。

闾丘露薇：可选择的多了。

王小东：说句不客气的话，那个时候出去留学比现在难多了，我的考试成绩大概几万人当中挑一，出去之后不仅没有花家里钱，回国的时候还带了一大笔钱回来。

闾丘露薇：三大件？

王小东：对，这些钱一直到新世纪我在北京买房的时候才全部用光。

储朝晖：应该少买。

王小东：那个当时节约到一种什么程度呢？日本女孩约我出去的时候，日本女孩是不占你便宜的，都是AA制，我都不敢出去，那钱都舍不得花。可以说我们是沾了光，因为当时人特别捧我们，我们到日本留学不是坐的民航班机，是专机去的，到了咔咔咔全是日本记者照相。现在不可能这样子，我有一个小学中学的同学，也是邻居，他那孩子上英国留学，回来之后在琉璃厂卖东西，琉璃厂不有外国人吗？他现在比较萧条，外语学得还可以，还能卖点东西。现在很多留学生都是花家长钱的，要想把这个投资拿回来，我看是极少数，大多数人可能一辈子都拿不回来。

毕莹：我插一句啊，可能王老师看到的是一部分这种学习真的不好的孩子，我偏巧看到的就是很多非常好的孩子。所以这个是没有绝对性的，我会比较喜欢国外的孩子来工作，他的很多想法是我们中国人或者在中国环境下成长的人想不到的。但是负面情况也会有一些，他太简单了，就说加拿大，才三千万人口，人太少，所以他的思维模式会慢，反应也会慢。我觉得什么东西只要掌握好度，就能给他更多的一个空间和学习机会。很多孩子会再回到祖国，因为他的父母在这边。但是两个受教育的机会，会让他有更多的发展。

一句话总结：

储朝晖：开放理性，对待留学。

斯琴：因人而异，早规划早行动。

毕莹：多去学习开阔眼界，塑造自己趁现在。

王小东：劝你们别把小孩送去是为你们好，要是为国家就劝你们送出去减轻国家负担。

闾丘露薇：好的方面是多一个选择，过去可能你想要送都没办法送，越来越多的人有选择总归是一件好事情，大家自己考虑。

本期编导：张静茹

5. 破解雾霾传言

□ 2014 年 3 月 5 日

如何治理愈发严重的雾霾？

扫一扫 看本期节目视频

内容提示：近几月，京津冀地区陷入严重空气污染，$PM_{2.5}$ 持续爆表，云岗 $PM_{2.5}$ 实时浓度高达 611 微克／立方米，空气质量为六级严重污染；房山 $PM_{2.5}$ 实时浓度也高达 561 微克／立方米，空气质量六级严重污染，更有"雾霾可使鲜肺 6 天变黑肺"的言论在网络上传出，民众议论纷纷，对于种种传言，孰真孰假？我们又该如何抵御雾霾侵害？

本期主持人：

闾丘露薇

本期嘉宾：

李顺诚　香港理工大学环境科技及管理研究中心主任

宋伟民　复旦大学公共卫生学院环境卫生教研室主任

韩晓平　中国能源网首席信息官

郭新彪　北京大学医学部系主任

李　亮　首都医科大学附属胸科医院副院长

113

方　达　《防霾生存手册》创始人

嘉宾选择：

红方：先治霾，再发展

　　　李顺诚、宋伟民、韩晓平

蓝方：治理和发展两者兼顾

　　　方达、郭新彪、李亮

闾丘露薇：今天我们要讨论的话题都和雾霾有关。根据凤凰网网友调查，百分之五十的人表示对于雾霾了解的差不多。百分之五十的网友觉得雾霾对身体不好。当我们说，对这个雾霾了解的时候，可能是个比较空泛的概念。还是请我们的专家来讲一下，到底这个形成雾霾的原因是什么？

李顺诚：香港理工大学跟中国科学院地球环境所，在2003年所做了一个全国十四个城市的统计，其中包括北京、上海、广州、香港。那么$PM_{2.5}$的主要成分，包括蓝色的有机物，黄色的硫酸盐还有硝酸盐，甚至有机碳。也就是说$PM_{2.5}$在全国十四个城市的主要的成分，就是这些。

雾跟霾实际上是有一个区别的。雾，是在比如高湿度的环境下自然形成的，但是它不是全年发生。霾的发生对人体的危害比雾还大，而且它是全年都会发生的。所以霾的危害是很大的，因为刚才我讲的$PM_{2.5}$很多成分，尤其包括硫酸盐、硝酸盐，这些对人体的伤害都是很大的。

大气污染的颗粒物，事实上在不同的城市，它贡献的比例是完全不一样的。有些城市工厂排放的比例相当高，有些城市完全就是机动车。所以要针对不同的城市，做一些科学的数据侦测，才有办法制定各个城市，或者说各个省区的这个雾或者霾的减排

香港理工大学环境科技及管理研究中心主任 李顺诚

措施。

闾丘露薇：李先生，我先问您一个问题。其实美国人均拥有车的数量，比中国多。

李顺诚：是。

闾丘露薇：那为什么现在大家会觉得，在中国讲起污染，责任都是在车身上。

李顺诚：我的看法，油和车都很重要。油就很像是汽车的食物，你的食物不好，你的排放就会差。所以油品怎么样再提升是很重要的，包括硫的含量，包括很多碳氢化物的含量。而且从原排放治理的角度来讲，油品的提升，事实上还是相对比较便宜的。

闾丘露薇：大家都知道，雾霾天可能最好的方法就是留在室内。那我们现场请来一位达人，方达。他带了好多的口罩，正好来跟大家解释一下，在雾霾天不得不外出的时候，该怎么办？

方达：雾霾天我们躲在家里，到底能不能躲得过雾霾？我们在测试点进行测试，电梯里面它的这个数值是九十三。第二个地方——地下车库，达到了九十九。室内健身房，我测得的浓度是一百零三，跟当天外面的一百一十三浓度几乎相等。女孩经常去的商场，它的浓度也是九十七。总结一下，在这四个场所，我们呼吸到的空气，跟外面呼吸到的雾霾，这个浓度基本上是一致的。

但是有趣的是在那个商场里的一家星巴克，以及一个高端写字楼里面，我们测得了一个比较低的数据。最后通过这一系列的实验，我们总结出了两个定律，这个数据跟这两个定律有关。第一个，我们所在的这个空间，它是否是一个封闭的环境。第二点，在这个环境里面是否有空气净化设备。

再讲一讲今天我的重头戏，我带了很多口罩，那给大家带来了三个比较通用的执行标准。第一个是美国标准，它的缩写拼法是 NOISH。它在口罩上面明确标写了 N95，也就是大家经常说 N95 口罩。N95 它其实不是一个品牌，是美国的过滤标准。这个口罩上面我们明确地看到一个 EM149，这是欧洲的标准。它分成了三个等级，FFP1、FFP2 跟 P3。最后是我们的国标，我们国标历史相对来说比较短，它的名称叫作 GB26262006 标准，后面同样跟数字，90、95、100，代表它的过滤效率。

我这边特别说一下，一百的话并不是 100% 的过滤效率，是 99.97%。无论你带何种口罩，你都没有办法确保 $PM_{2.5}$ 100% 不吸到你的肺里。世界上没有完全的保护手段。

市场上也有很多打擦边球的产品，它们在外观上，几乎是一模一样的，然后在这些口罩上面，你很难找到它的执行标准。它会给你个滤片，它的材质应该是活性炭。活性炭的材质其实并不适合用来过滤 $PM_{2.5}$，而且可能会形成碳粉，被吸到呼吸道里造成二次污染。

这样一只口罩，现在要卖三十多块钱，而我刚才说的符合两个国家标准的口罩，现在也就无非十块钱。雾霾天我们如何选口罩，真的是一门非常需要学习的课程。

闾丘露薇：谢谢，谢谢达人。你们相不相信说呼吸六天的雾霾，就会让一个肺变黑？现在我们请的是复旦大学教研室主任宋伟民教授，给我们解释一下，这个讲法是不是错的。

宋伟民：好，各位观众大家好。很有缘，由于网络的误传，把我请到这里来和大家一起见面。那么我们这个实验六天的时间不是雾霾的情况，我们是为了取得某种药在改善 $PM_{2.5}$ 所引起的肺损伤的这个作用。染毒的剂量是四十毫克/公斤，我们这个雾霾，是远远达不到这样高浓度的。

我们是通过气管滴注到大鼠的肺里面去。而我们正常地吸入还有一部分 $PM_{2.5}$ 会跑出来，实际上真正沉淀到我们肺里面的可能只有百分之二十。所以呢，大家也千万不要担心，六天不可能使这个肺变黑了。但是这个 $PM_{2.5}$ 对我们健康的危害，是确确实实存在的。

$PM_{2.5}$，由于它的内径只有头发丝的四十分之一，它进入到我们呼吸道的深部，到肺泡里面，也就是直接和氧气交换的部位，对我们肺泡的影响很大，会造成肺的损伤。

另外呢，它更小一些的颗粒，那些小于 0.1 微米的颗粒，可以通过肺，接着跑到我们血液里面去，再通过血液循环到全身的其他脏器当中去。这些污染物，还包括一些生物性的病毒、细菌，它会让肺产生炎症。也就是说，细颗粒物它产生的炎症，要比粗颗粒物产生的炎症的危害要大得多。

它除了对呼吸道的影响外，对我们心血管的影响也是比较大的，美国哈佛大学做过一个对立实验，有 6 个城市的数据。这个研究表明，人群在 $PM_{2.5}$ 中的暴露情况和一些心血管病的发生、死亡是有明显关联的。特别是缺血性心脏病的死亡，关联性很强。所以这就提示我们，它对我们心血管的毒害作用，要特别地关注。

闾丘露薇：现在我们要谈的一个问题，就是既然知道它怎么形成了，也知道对我们的身体不好，也知道你可以做点什么，但是听下来，好像这个可以做的也不是太多，以后你毕竟还是要出去的，还是要呼吸空气的，所以我们接下来要谈的这个问题，就是该怎么办？

> **资料**：在各方对 $PM_{2.5}$ 的来源分析中显示：超过70%的因素来自燃煤、工业污染和二次无机气溶胶。工业的高速发展，带来GDP的快速攀升，同时环境污染也为人类带来生存危机。经济发展和环境保护的关系应如何处理？面对雾霾危机，有人提议当机立断、以人为本，先治霾再发展，打一场雾霾治理的硬战；也有人提议应综合考虑经济发展，不能以牺牲GDP为代价。哪种方式更适合当下时局？我们是否将面临雾霾持久战？

闾丘露薇：先请韩先生，来，讲讲您为什么选择红色这一边。

韩晓平：我们这个国家我们这个民族，真是病得不轻，把自己的国土在这么短的时间就糟蹋成这个样子，恐怕全世界没有一个民族能够做到。而且你看还有这么多人坐在那边。刚才已经讲了这么多的危害，比如刚才方达说的问题。他说在室内室外还是有一定区别，其实是没有区别的，你被忽悠了。因为戴口罩即便是再有用，刚才宋教授说了，我们的肺是干什么用的，是呼吸用的，你把它都给堵死了，你怎么呼吸啊。

闾丘露薇：口罩有过滤作用啊。

韩晓平：你过滤，是啊，但是你影响了空气的流动性，实际上也是损害你的肺。

李亮：我想这个人民群众的眼睛是雪亮的，我们30年走了很多国家200多年，甚至300多年的历史路程。那好，我想这个代价是需要我们来承担的。不说一天两天承担，而是需要一个过程。因为李老师是搞环境的，我特别想知道我们北京市，到底什么因素，是导致我们雾霾出现的原因。我没有发现，李老师给我一个明确答案，为什么呢？

李顺诚：是。因为其实事实上是不容易的。因为刚才讲过，北京的情况呢有本地自己的污染源，还有很多是外地漂到北京的污染源，甚至有长距离的输送。那这些事情是在北京市里面控制不了的。所以刚才讲的，区域的联防联控的概念，这个需要各个部门的配套。

闾丘露薇：其实我看不太出大家的分别啊，因为大家都觉得应该要做。

韩晓平：分别很大。主要不是不了解，而是大家知道主要矛盾是什么，只是大家视而不见。我们在1993年到2002年，那十年发展的时候，中国的煤炭只增加了26%。而从2003到2012年，十年煤炭增加了3倍。我们现在整个中国，烧了40多亿吨煤，全世界一半以上的煤在中国烧，而中国的面积，只占全世界土地面积的23%。这样高密度燃烧煤，刚才讲了氮基的颗粒物、硫基的颗粒物，然后还有有机的，这些东西都来自于煤炭。最主要的问题就是煤。所以我们现在就是要下决心，改变我们的能源结构。而改变能源结构的话，大家有一个共识才行。大家还是抱着GDP不放。造成今天的问题是因为我们选择了一个错误的发展方式。

方达：我觉得韩老师是一个理想家。可以这么说，我们国家的能源结构，80%左右是靠燃煤发电来供应的。如果今天把燃煤电厂全关了，你回家家里一片漆黑，你能接受吗？

韩晓平：首先你说得很不对的是什么地方呢，燃煤发电厂排放是很好的，因为那些企业有人管，而且管得很严。什么布袋除尘脱硫脱硝都在做，真正的问题是那些小锅炉，我们有一半的煤是小锅炉烧的。而这些小锅炉，绝大部分都是非法的。那么这样的违法企业，今天就是应该关掉。

闾丘露薇：不如这样吧，我们来讨论一个比较具体的问题。两会的时候有人大代表提出提案，就是排污企业要征税。这个在香港的话，叫用者多付、能者多付。有支持的，有反对的，我想问问，你们觉得怎么样？

郭新彪：征税，首先一个前提，就是它的排放要符合国家的标准。在这个基础上，它排了污染物，我们再要给它加税。但是如果它的排放根本就不符合国家标准，那就不是征税不征税的问题。

闾丘露薇：是违不违规的这样一个问题了，对吧？

韩晓平：走到今天这一步就是因为征税征的，你知道吗？地方环保局说，你排吧，你越排我不是收的钱越多嘛，所以就导致了今天的乌烟瘴气。因此，解决问题的时候，态度应该是，你敢污染，我就一次性关掉你，因为你违法了，跟贩毒没有两样。贩毒可以拉去枪毙，为什么你这样污染环境，为你自己中饱私囊，而让我们大家都跟着吸 $PM_{2.5}$，都要得病呢？

宋伟民：雾霾的话呢，我们治雾要治本。大量使用化学能源，这些能源的燃烧产生了大量的污染。你找不出一个马上可以解决问题的方法的话，那这样一个危害你去算一算。或者任其排放，等到有一个新的方法后再来治理，那要死多少人呢。现在每年 $PM_{2.5}$ 造成一百多万人死亡，它造成疾病的负担就更多了。所以说我讲这个本，是以人为本。而你现在只是想保证 GDP 的增长。如果说你采取措施的话，GDP 不会不增长。说我们该让它得到一个适度的增长，不要过快地增长。这个也是我们发展的理念。

李亮：这个治霾的过程，它应该是一个长期的过程。我们知道伦敦雾的问题，还有洛杉矶的问题。其实这两个国家两个城市的发展，都是经过了长期治霾的过程，像伦敦的雾，从 1952 年发生伦敦雾，到 1975 年才见效，20 多年历史。那么洛杉矶从 1955 年发生了洛杉矶事件，到 1999 年才真正地把一级污染天数降到 0，也经历了好几十年的过程。所以对中国来讲，我想真的是需要时间。

闾丘露薇：但刚才你也讲了，我们中国用了几十年走完人家一百多年的发展这样一个道路，现在既然有了前车之鉴，技术又在不断地发展，理念也在改变，为什么我们不能走得更快呢？

李亮：还有一个问题，就是说原来洛杉矶也好，伦敦的发展也好，它的污染是一个比较单一的。而我们中国现在的污染是一个综合的污染。至于刚才我说的，汽车的尾气、工业废气，加上我们能源结构的问题，像石油和煤，还有加上我们现在过度城镇化，导致扬尘，还有人均消费能量增加，这都是很重要的因素。那这些因素治理，我想不是一天两天的。

宋伟民：我觉得是这样的，现在我们跟伦敦烟雾事件的时期，已经是完全不一样的了，与时俱进了。现在是什么样呢？我们现在的国力，远远要比当时的英国要强大得多。我们有这个能力，为什么不去做。现在把 $PM_{2.5}$ 的标准树立起来了，我觉得这就是一个很好的发展。现在我们就是要抓住这个事件，改善 $PM_{2.5}$。不仅是监测 $PM_{2.5}$，要改善治理 $PM_{2.5}$ 的污染。

闾丘露薇：立法是不是一个方法？

李亮：我觉得立法是很重要的。但是立法不能解决所有的问题。立完法是一方面。更重要我们还要监管，还要有这种全民参与的意识。

郭新彪：这个我为啥站到理性的方面，咱们说得通俗点，我们控制污染也都需要钱，这个钱从哪来？所以我们要做好平衡的可持续发展。如果说仅仅因为大家的感情或者是激情，制定一种法，最后我们都办不到，这法的公信力，它去哪了。

闾丘露薇：这个问题李先生回答一下。您觉得立法，然后我们提了一个很好的标准，非常的详细、非常的明确，是不是不切实际呢？其实就是一纸空文，大家都觉得做不到，会这样吗？

李顺城：其实不是的，因为立法实际上有阶段性。但是如果你今天不做，你明天一定会后悔。

李亮：其实刚刚李老师说到了立法的问题。需要今天我们立个法，明天就要调整要修正。

闾丘露薇：法律需要跟随着社会的发展不断地进行修订的。我们的概念、观念也在改变。

韩晓平：他们这个观点基本上都是不对的。因为事实不是这么回事。1956年，《英国清洁空气法》制定以后，英国内部博弈很大。为什么？你想所有的参议员、众议员背后都是一些大的利益集团。所以让他们来推翻利益集团是很不容易的。但是当真正想明白，真正开始动手的时候，是1965年。能源结构调整不会影响你的GDP，不会影响你经济发展，反而会促进经济发展。美国也一样，美国洛杉矶通过《清洁空气法》，美国经济不行了吗？美国经济发展依然很快，加州依然是世界第七经济主体。所以并不会因为我们改变了这个，就会使我们的经济不行了。这个观点，很多人在忽悠大家，实际上不存在这问题。如果我们下决心改变我们的能源结构，我们的经济不但不会落后，还会更高速地发展。而这种发展是良性的，我们要追究经济，不是追究GDP的数字。

闾丘露薇：对。

韩晓平：而是追究它的质量。

闾丘露薇：但是这边好像有担忧，就是说你立了法做不到。

方达：韩老师在偷换概念，第一个英国的伦敦，美国的洛杉矶，都是两个城市而已。我们国家 2013 年的雾霾覆盖面积，接近我们国土的一半。我们国土是 960 万平方公里，韩老师，我发现你准备了很多数据，那你一定知道英国伦敦的面积是多少，洛杉矶的面积是多少，我们这个是他们几十倍的面积。

韩晓平：中国远远超过当年的美国，远远超过当年的英国。

方达：还有，据我所知……

韩晓平：英国工业革命，烧煤最多的时候，也没有今天的中国多。

方达：您先歇一下，让我说两句嘛！据我所知，您说的英国跟美国的经济发展，就像我们这边李老师说的，它是产业结构调整，把一些污染产业往发展中国家转移的结果。如果就是单单的那么一个零和游戏的话，我今天不烧煤。

韩晓平：你认为全世界的污染都应该放在中国，那么才是国际主义精神吗？

方达：我们中国没有选择。

韩晓平：怎么没有选择？

方达：因为我们中国做了世界工厂以后，我们的经济高速发展。这几十年来，我们受益也是因为我们做了发达国家的世界工厂。

韩晓平：所以我们才能把污染留给自己。

方达：你们这边觉得可以快速解决污染，你给我个时间，多少是快速？

韩晓平：五年、十年就是快速。

方达：到底是五年还是十年呢？

韩晓平：五年、十年都是快速。

方达：所以说我觉得……

闾丘露薇：你们觉得可以容忍的，可以接受的时间是多长呢，五十年，下一代？

　　方达：只按照伦敦的经验来说，它是 28 年。

　　闾丘露薇：这是对政府没有信心，就觉得我们做不到这个东西。然后他还有个理由——这是领导也经常拿出来的——中国太大了，中国人太多了，所以有好多事情，我们是不能这么来做的，所以我们不是做不到，就是要慢一点。

　　方达：我支持立法，但是立法以后必须要有一个好的执行，但我们现在的问题是我们有的选项不多。

　　闾丘露薇：意思就是说立了法之后做不到了，给他点信心。

　　李顺诚：我的想法是这样，就是说如果你还没做以前你就要这么悲观，那你什么事情都做不好。

　　李亮：我们不是悲观。我们要谨慎，而不是悲观。

　　闾丘露薇：即便是做不到，那我也该先开始立了，立法也要时间，对吧？那我先开始立了，里面的条款还有很多讨论的，也有利益集团的博弈啊！然后不同的专家的意见，那也是需要时间的。

　　方达：我这边强调一下我们的观点，我们的观点不是说不立法，立法是一切事情的本源，有法可依我们才能做事，这是肯定的。但是就前段时间来说，中科院出具了一份北京的大气污染报告，跟环保部出具的报告大相径庭，在连事情都没搞清楚的问题上盲目立法，到时候这个法的执行力到底怎么样？

　　李顺诚：那个报告我研究得很透彻，在不同的城市、不同的季节，有些是超高浓度的状况，你去做出来，它的贡献比例是完全不一样的，这个没有什么争议。但是我们这个认知，是有需要强化各方面的。怎么样想办法，让我们，甚至让我们的下一代，能够有清洁清新的空气，这个是很重要的，这个不是梦想。

一句话总结：

李顺诚：蓝天不是梦，它是有可能实现的。

宋伟民：雾霾治理，只争朝夕。

韩晓平：治理雾霾，要打攻坚战。

李亮：我不知道抗霾的过程要多长时间，但是希望我们这代可以多吸点霾，希望后代对霾的认识仅仅来自历史教科书，而不是现实。

张新彪：防止雾霾，要重视健康风险的交流，让大家多沟通。

方达：治霾不能急于求成，把问题的原因搞清楚，把我们的方法想好，靠理性去治霾。

本期编导：林秋影

6. 新催婚时代

□ 2015 年 3 月 18 日

父母催婚是为消除自己的焦虑，双方需理解。

扫一扫 看本期节目视频

内容提示：两会期间，27 岁的全国人大代表、大学生村官王玲娜因美丽大方的外形及"不介意当'剩女'"的言论，引来众多关注。"没遇到对的人，就不开始恋爱""也面对父母催婚的问题"等触发众多大龄女性的共鸣。

当春节变为"春劫"，"80 后"、"90 后"集体进入"被催时代"，无数青年人开始面临一个时代难题：

今年过年，你被催婚了吗？

据国家统计局发布的 2014 年底数据显示，中国适婚男性已经比女性多 3400 万人，严重的性别失衡将导致大量适婚单身"男光棍"出现。剩男剩女已成为众多人关注的社会话题。为应对"催婚"，"租女友回家过年"、闪婚、买婚等方式已不再新鲜。"26 岁前不结婚，就睡大街"的保证书，"被父母催婚离家出走"等极端事件时有发生，是"父母之爱"变质了吗？剩男剩女是否已经变为时代困境？

面对集体性的"催婚"意识，催婚是爱还是自私？

本期主持人：

闾丘露薇

本期嘉宾：

袁小靓　时事评论人，自由撰稿人

苏　芩　情感作家

赵灵敏　自由媒体人、前《南风窗》执行主编

赵永久　百合网的婚恋专家

Yolanda　外企白领，《剩女独白》演员

马　诺　艺人

嘉宾选择：

红方：父母催婚是爱的表现

袁小靓、马诺

蓝方：父母催婚是自私的

苏芩、赵灵敏、Yolanda

白方：中立

赵永久

闾丘露薇：今天这个话题说起来有点无奈，我一直觉得它跟公共生活没有太大的关系，但现在却是一个社会话题。

袁小靓：我认为世界上只有一种爱是不能用自私斥责它的，那就是基于血缘的父母之爱。

苏芩：其实有很多以爱为名的伤害，是为了实现自己内心的控制欲，有些时候你非要把自己生活的观念，强加给别人的话，就是自私，包括催婚。

赵灵敏：我觉得催婚是从家族生育、父母面子的角度，进行

的一个道德和情感的绑架，很少考虑到被催者的感受跟需要。

赵永久：不管我们认为催婚是爱还是以爱的名义在控制，最好还是不要去催，要赋予每一个人自由选择的权利。

闾丘露薇：年长的观众能不能跟我们分享一下有没有催过自己的子女。

红方观众A：我女儿今年30了，从25岁开始催，因为我们老家那边结婚很早，我觉得女孩子嘛，到了25岁了，也该成家了，太晚生孩子，对女孩子不是特别好。另外就是，早一点生孩子，我们可以帮着她带大一点。

蓝方观众B：我年龄比较小，24岁，回家也被催了，因为我不是北京人，家里就很希望我在这边找一个之后，马上结婚，然后两个人的生活费啊，房租啊都可以平摊，说得不好听就是流氓合法化。

闾丘露薇：我们听这个过来人讲一讲。

蓝方观众C：在我们那个年代，我结婚算比较晚的，家长也没有管我们，我27岁才结婚。对于我的孩子，我也没催没管，他

百合网特约婚恋专家 赵永久

是成人了，能自己处理得很好，他懂得自己的生活和要求，家长催了以后，有可能要起反作用，谁的父母都爱自己的孩子，但要是起了反作用，有可能要带来终身的遗憾。

闾丘露薇：谢谢阿姨的分享。问一下小靓，跟我们具体地讲一讲，为什么选择红方？

袁小靓：首先我自己是单身，我非常理解父母们，父母和父母之间也是不一样的。我觉得现在有很多极端的新闻，什么租女友啊，各种骗婚啊，真的是因为缺少沟通。父母跟孩子之间的沟通已经断层了，孩子在爱情或婚姻的问题上，没有长辈来指导，而长辈的指导可能又基于他们那个时代的观点，孩子又会很恐慌。对我来说，我觉得爸爸妈妈包括周边亲人的问询，都是关心。

苏芩：我觉得爱这个东西，是要控制分量的，爱太多，有可能就会变成一种伤害。刚才那个大姐，她说了一个观点，我特别特别有感触，我身边很多父母都这样对自己的孩子讲，说现在趁着我还年轻，身体还能干，你赶紧结婚，赶紧生个孩子，我可以帮你带啊，说得理直气壮的。但是我怎么老感觉，这有点像咱爸咱妈给自己晚年开始做规划了，退休了，没事了，你结了婚了有孩子了，我就可以发挥余热了。

闾丘露薇：想找一个精神寄托。

苏芩：是的。

闾丘露薇：透过这个，参与到下一辈的生活当中。

苏芩：我发现现在越是闲着的爸妈，越是催自己的闺女赶紧结婚生孩子，天天特忙的父母没时间考虑这事。

闾丘露薇：说得直白一点，这其实也是一种自私的表现。

赵灵敏：爱一个人，最简单的一点，要考虑他的需要，他要什么样的东西，什么东西对他最好，只有他自己最知道，你告诉他的，其实是你自己要求的一个投射而已。像我周围很多朋友，春节被父母催婚，听到最多的就是父母会说，你看你也不小了，你这样子的话，在亲友面前抬不起头。我一个朋友她事业很好，过年回家开了一部车，还给父母买了很多礼物，她觉得应该可以让父母感到很安慰，她也就27、28岁。但是回到家，她的一家人，爷爷、奶奶、父母就开始批判他，从早到晚，不停讲他们祖上谁谁谁曾经当上什么样的官，中过什么秀才、什么功名，有很光辉的历史。但是到了你这里，这个年纪还不结婚，我们面临非常大的压力，可能这个家族的声誉，因为你而受到了影响。所以以我个人的经历，我觉得更多的是父母因为他自己的面子，把他的需要强加给孩子。

袁小靓：父母那一代跟我们是不太一样的，那个时候基本上就是媒妁之言，女孩17、18岁就已经结婚了。有的父母思想还相对闭塞，两代人又没有沟通，就会出现这种情况。如果我们相互指责，就没有办法调和了。

闾丘露薇：虽然父母对孩子的爱是无条件的，但是一到催婚，就变成有条件了，这是一个悖论。

赵永久：实际上两边都有道理，在意识层面，很多家长催婚的时候，他真的觉得我是为你好，但是在深层次里边，可能他在通过帮助孩子，消除自己的焦虑，只不过很多家长可能意识不到，他们就觉得这样做是对的。孩子到了该结婚的年龄为什么不结婚？花儿到春天就会开，果实到秋天就会熟，他不结婚一定是有原因的，比如有的人是童年创伤，童年看到父母老在吵、打啊，他就恐婚，你硬要把他推向火坑，你想他内心的冲击该有多大。

闾丘露薇：问一下小靓，父母大概觉得什么样的年龄差不多应该要催了？

袁小靓：我们现在流行叫剩女，网络上的标准，女孩子到了27周岁以上，还没有结婚就属于剩女。

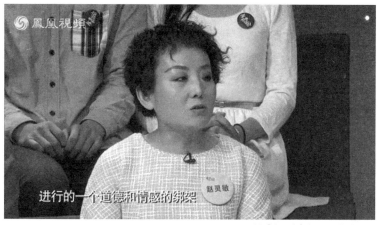

前《南风窗》执行主编 赵灵敏

闾丘露薇：男生呢？

袁小靓：男生倒无所谓，晚一点结婚没关系的。

闾丘露薇：你觉得，你是其中一分子吗？

袁小靓：我已经 32 岁了，我的闺蜜跟我差不多年纪，都是单着。在我们"80 后"这个年龄，思想在慢慢转变，坦白讲一纸婚约，有也可以，没有也可以。你看到很多女明星也是这样，很大年纪才结婚，我觉得女人还是要从自身来考虑，不用太在意这些东西。

赵灵敏：首先我觉得"剩女"这个词，就明显带有歧视的色彩。

闾丘露薇：以前 20 世纪 80 年代叫大龄女青年。

赵灵敏：对，为什么会有这样一批人？我个人的看法就是跟这个时代的变化有关系，尤其在大中城市里边，女性跟过去是完全不同的，她们的视野更开阔，受过更好的教育，对男性的要求、对自己的要求都跟以往不一样。但是男性变化比较慢，因为他是过去那个时代的既得利益者，在过去越成功，遇到新的变化就会越迟钝。女性越发优秀，但是男性还停留在过去的话，这个不匹配就产生了。

闾丘露薇：剩女这个词，本身又是一种要求，似乎你不结婚，你的人生就是不正常的，我们今天请来了 Yolanda，Yolanda 做过一个叫《剩女独白》的节目，你今天选择了这边，请讲一讲。

Yolanda：我之前看过一本书上，有一句话说如果不能让您从精神上或物质上过得更好，为什么要结婚呢？父母那一代对婚姻的要求很简单，温饱都解决不了，就要找一个有力气的，能干活的，能解决温饱的，能够保障这一大家子的人。但是现在已经不是这样一个要求生存的状态，但父母觉得，中国社会竞争压力很大的，随着年龄的增加，会越来越没有优势，这就是文化的差异吧。像在国外的话，男生找一个比自己年龄大的女生，算是比较正常，但是在中国，作为女性，在职场上要求跟男生一样拼命，有时候比他们还要拼命，筹码加得越大付出得越多，年龄也就越大，在婚姻的市场上，别人又要求你要无知，要单纯，要年龄小，这对女性双面夹击的苛刻要求太多了。

闾丘露薇：突然想起来，媒体也要负点责任，比方有一对比较著名一点点的夫妻，如果女的比男的大很多的话，就会被当成一个奇闻逸事，或者是值得八卦的东西来报道，其实对这对夫妻应该是伤害蛮大的。由于计划生育，有差不多三千多万的男光棍可能会出现。所以这就是为什么在比较穷困的地方，有买媳妇甚至拐骗妇女的情形出现。

赵永久：在中国的人口布局当中，百合网上能呈现出非常清晰的数据，整体上网站注册的人数是男性多，女性少，呈两极分化。在农村，经济比较落后的地方，剩下的单身男生多，往往他们的年龄不大，农村有的 20 岁就开始找对象，22 岁可能就结婚了。都市里边，单身的女性多，尤其是一线城市。这是什么导致的呢？实际上是男女对婚恋的看法不同，男生女生都认为结婚要有房子，而房价又这么贵，大家又认为房子应该主要由男人来买，在北京一套房子几百万，一辈子都买不起的怎么办？他就会在该结婚的年龄回到他的老家，在县城里，几十万买套房子，然后结婚。但是女生不用考虑这个问题，女生只要漂漂亮亮的，然后找一个有房子的男生就可以了。在这样的背景下，导致更多的女生留在了都市里，更多的男生留在了农村小县城。

苏芩：剩男是经济条件太差娶不上媳妇，剩女主要是挑别人，所以剩男是对自己要求太低，剩女是对别人要求太高。剩女越来越难找对象，原因是她越来越难遇到那种能让她动心的人，爱情的产生是需要新鲜感的，当你见多识广之后，你会发现能够带给你新鲜感的人越来越少，所以能够在精神上控制她和驾驭她，甚至是征服她的男人太少了，所以我觉得剩女有时候可以降低一点对物质的要求，但至少你能够在精神上引领我。

闾丘露薇：小靓，苏芩作为过来人，她已经结婚了，那作为你还有你周边的圈子，是不是会有这样的认同？

袁小靓：我非常认同苏芩的观点，20 世纪 90 年代有一部电影非常火，叫《西雅图不眠夜》，里面有一句台词说，这个女人

情感作家　苏芩

是你不能去用所谓自私去斥责它

时事评论人自由撰稿人 袁小靓

如果过了40岁再找老公的概率，比走在大街上遇见恐怖分子对你开枪的概率还要低。现在流行大叔控，我也很喜欢年长的，因为跟我同龄的男人，我觉得还不够成熟，可能稍微成熟点的，又已婚了，所以我说只能降低标准，要不你等人家离婚。

苏芩：所以我经常建议小靓不要嫁一个男人，要娶一个男人。对于现在很多剩女来讲，她实在找不到能让她仰视的，就找一个仰视你的。

袁小靓：对对对。

　　资料：2015年初，某知名婚恋网站发布《2014中国人婚恋状况调查报告》，报告中显示，针对"和我爱的人结婚还是和爱我的人结合？"的调查，四成以上的单身男女选择了"和条件合适的人结婚"。有人称这样的婚恋观是高度理性与务实的选择，有人则认为"宁可剩下，也不会妥协"。爱情与婚姻该如何选择？剩男剩女的时代困境应如何破解？

婚姻是否是获得幸福的唯一途径？进入催婚模式，是否要降低择偶标准？

曾在某婚恋节目中，表示"宁可坐在宝马车中哭，也不在自行车上笑"的马诺，也来到节目现场，被贴上"拜金女"标签的她，进入催婚模式，是否会改变自己的择偶标准？

第二次选择：

红方：应该降低择偶标准

　　吴小靓、马诺

蓝方：不应该降低择偶标准

　　苏芩、赵灵敏、Yolanda

白方：中立

　　赵永久

闾丘露薇：这位先生是唯一一个转了立场的，来讲讲，为什么支持择偶标准降低一点点。

红方观众 D：在大城市，优秀的女生占的比例要比优秀的男生多，好的男生要么被别人抢走了，要么就想找小一点的，还是希望大龄女生稍微降低一点标准。

闾丘露薇：马诺，来跟我们分享一下，你坐在红色这一边，其实你多大？

马诺：我刚刚加入剩女的行列，我年满 27 周岁。

闾丘露薇：那有没有着急啊？为什么会上这个相亲节目？

马诺：我当时上相亲节目，是做节目。刚上的时候，一天要收几千封情书，选择机会很大。那个时候我还小，20 几岁，我就想没有必要结婚，那些情书我也不会看，也不会考虑，现在我 27 岁了，我会想要不再从这里边挑挑吧，看有没有能要的。

闾丘露薇：就是已经决定可以从宝马换到自行车了。

马诺：其实我一直都觉得，我的标准是可以降低的，如果他在精神方面可以满足我，我可以降低物质标准跟他在一起。我也不是天仙，没有非要找一个王子，我也希望自己30岁之前可以生孩子，这样子身材会保持得比较好，不孝有三，无后为大嘛，我还是希望可以子孙满堂。

闾丘露薇：好，谢谢。小靓你看，你旁边坐的是一个比较传统的人。

袁小靓：我一定要解释两件事。第一，我选择降低标准，不是我自己想要降低标准，而是我很清楚，如果我要走进婚姻，那我必须要降低标准，或者说我必须要调整一个观念，因为爱情是一码事，可是婚姻是很务实的。

我身边有一些小女孩，她们真的完全不务实，就像林语堂先生说的，中国现代人的问题是把爱情当饭吃，把婚姻当点心吃，用爱情的方式来过婚姻，所以会出问题。现在很多小姑娘就是这样，她觉得爱情就应该是婚姻，婚姻就应该是爱情那个模样，所以我认为如果你想结婚就要降低标准，但是不意味我自己要降低标准，可能我是有不婚姻的这么一个准备。

很多人说现在女生很物质，其实我觉得这没什么，达尔文的进化论里面有讲，女人选择男人，男人的物质基础好，代表他的能力强。就像男人喜欢女人美丽，这是天性，谁愿意选择一个长得不好看的姑娘，这是一样的道理。那如果他不够有钱，只能退而求其次，因为我也不够漂亮。

闾丘露薇：郎才女貌的典型定义。来听听这边不应该降低标准的。

Yolanda：现在很多女生不愿意降低标准，是因为她们本身过得很好，为什么一定要降低标准去迎合一个男生呢？我身边的大部分女性不是一定要找一个比我有钱的，但是最起码他有一个开放性的思维，能够接受你的女朋友或者你老婆是比你强的，能够接受她是比你大的，但是现实中的一些中国男生他不如你，他还要打压你，一定要装作非常的强势，虚假的自信。对于一些各方面都非常优秀的女生来说，她是很难接受的。

赵灵敏：婚姻不是目的，婚姻是通向幸福的手段之一，而且不是唯一的，不管是单身或者结婚，都是想让自己过得好，那怎么样能让自己好，自己是最清楚的。如果勉强去找一个比自己差了很多的人，在形式上完成了婚姻，但实际上痛苦的是自己，所以我觉得为了对自己负责，不应该降低标准。

闾丘露薇：有没有在场的男士讲讲，为什么不降低标准？

蓝方观众 E：如果我找一个符合我父母标准但是不符合我标准的人，肯定生活不下去，最后要么有勇气离婚，要么痛苦一辈子，何必呢？结不结婚跟你未来生活的幸不幸福没有必然的联系，不是说你结了婚就一定幸福，也没有人说你不结婚就一定不幸福。

闾丘露薇：不管男女，每一个人要先确定婚姻对自己来说是不是必不可少的，来，专家，你坐在中间就是说降低也可以，不降低也可以，是不是？

赵永久：我坐在这里是因为我觉得它不是简单的降低或不降低，而是一个人如果觉得婚姻是必需的，那找对象的标准应该叫择优录取，万一你的标准超出了所有人类呢。我们叫双向匹配，就是你的要求符合别人的要求，别人的要求符合你的要求，找对象可以有无数种要求，一个要求是一把尺子，年龄可以有一个尺子，收入可以有个尺子，长相一个尺子，就像一个企业招聘，我有十种或者二十种要求，最终招谁呢？所有尺子里边最优的那个，这是一个现实原则，这就出现第二个问题，就是你的尺子越多，在既有的人群当中出现的概率越低。

赵灵敏：我看过一本书，美国一个商学院的教授写的，他说找对象就是用商学院的方法，做公司的方法、途径。

赵永久：找对象就是做项目。

赵灵敏：对，就是你设定一个目标，想找什么样的人，然后设定各种各样的方案去实现，我觉得这个无可厚非，这个就是你人生中的一件事情，跟工作一样。只要是合法的方式，我认为都没有问题。

闾丘露薇：我们来看百合网的一个婚恋报告数据，80%的女性认为自己单身的原因是圈子太窄了，合适的人太少，这可能是现代人都会遇到的一个原因。

赵永久：互联网时代还可以说圈子窄吗？很多人的微信朋友圈里有几百个，大家说的圈子窄指的是线下，线上还是有很多方式的。之所以导致很多人觉得圈子窄是因为对线上还是有点害怕，有点担心，透露出了对虚拟互联网的不放心，大家不要排斥通过互联网方式找对象，而是要提升通过互联网找对象的能力、方法、技巧。

闾丘露薇：马诺有发言权。

马诺：相亲节目其实是综艺节目，其他的我就不说了，你们懂的。百合网刚开始很火的时候，大家都去注册，我听我那些朋友说在百合网上碰见了很多很多男生，其实他们第一面就是想把你约出来，或者想跟你干吗，不知道到现在有没有人通过百合网结婚。

赵永久：好吧好吧。

马诺：如果有的话，我也希望注册百合网，在这块儿找到真爱。谢谢。

闾丘露薇：那小靓呢，其实你已经是圈子比较大的了。但是你还是觉得没有遇到那种你觉得心动的？

　　袁小靓：我有一个很大的问题就是我特别忙，每天都在飞来飞去，我非常支持相亲的，但是网络我不太相信，因为我要有一个甄别对方的过程，说实话现在有很多人基于其他的目的，可能是小有名气之后，会有这个问题，男人觉得这个女人太优秀了，那些优秀的男士又已婚了，再加上我很忙，很尴尬，就是没有办法。

　　赵永久：你约一个朋友，他不想见你，他就会说最近有点忙，其实忙里边渗透的是什么呢，是我更愿意把有限的时间投入到工作上，而非找对象上，就是在潜意识当中还是不觉得找对象是应该投入更多时间资源的事情。

　　闾丘露薇：这点我很认同，每个人的生活都是有排序的，可能你现在这个年龄阶段事业排第一，有可能再过几年，你的优先排序又会变一变。

　　一句话总结：

　　赵永久：婚姻要自由，自由包含了我自己要不要结婚，要尊重一个人结婚或不结婚的权利，跟谁结婚，选择什么样的方式结婚，在哪结婚，我觉得社会家庭最好更多地赋予一个人这样的自由；但是我又要提醒结婚的人，进入婚姻之后，你必须以你自己一部分的不自由，来换得对方的照顾，因为对方的理解就是爱。

　　袁小靓：自由不悔，单身无罪。

　　马诺：早生贵子，希望站在我这一边的所有想嫁出去的女生，早日生贵子。

　　赵灵敏：你要过什么样的生活，应该过什么样的生活，你自己最清楚，不要管别人说什么，追随自己的内心。

　　Yolanda：人生很短，无论你结婚也好不结婚也好，都要做自己。

　　苏芩：百忍成爱，如果你选择了婚姻，对方的优点你要享受，他的缺点你必须得忍。

闾丘露薇：我作为过来人，我觉得结不结婚是你自己的事情，但结了婚是两个人的事情，一个家庭是由两个人来承担的。最重要的一点，你爱别人，也要爱自己。

本期编导：闫惠娟

第三章　成长教育

1．废除高三？

□ 2012 年 6 月 5 日

现在的家长和考生没有安全感，把高考当成救命稻草。

扫一扫 看本期节目视频

内容提示：什么是高三？不知疲倦的复习？夜以继日的考试？还是配着吊瓶滴答响的琅琅书声？什么是高考？用四张试卷证明你的学识？用两天时间决定你的一生？还是貌似公平实则荒谬的一次人生博弈？云南省教育厅厅长罗崇敏近日公开演讲提出废除高三，取消高考，一时间引发众人争议。废除高三是否合理？取消高考是否科学？

本期主持人：

闾丘露薇

本期嘉宾：

杨东平　21 世纪教育研究院院长

罗崇敏　云南省教育厅厅长

张　鸣　中国人民大学国际关系学院教授

柳　松　清华大学教授

薛　平　清华优佳教育创始人

嘉宾选择：
红方：高三应该取消
　　　罗崇敏、张鸣
蓝方：高三不应该取消
　　　柳松、薛平
白方：中立
　　　杨东平

闾丘露薇：罗崇敏先生，你为什么觉得高三可以取消？

罗崇敏：高三和初三都是浪费同学们的时间，现代化的程度比较高，孩子身体、心智成熟比较早，要完成这些学习不需要用12年的时间。特别是一进入初三或高三，都是反反复复的复习，把孩子的思维搞得变形了，磨灭了他对知识的欲望、兴趣。按我的想法，就是从小学一直到大学，本科20岁，专科19岁，就应该进入社会，在社会实践中来学习。

薛平：我对罗厅长的几点观点有一点点疑义。第一，如果真的把初三和高三取消掉，那大概就是16岁进入大学，甚至在很多地方是15岁。大学在任何一个地方都是成年人进行学习的地方，如果十四五岁甚至连青春期都没有过的年龄段进入大学，自己还是未成年人，总不能带着爸爸妈妈去吧。

张鸣：我认为应该取消，我是没上过什么高三的，但是我女儿上过，据她讲，她高三那一年非常难受，天天就是做题，做到快吐了。我觉得如果高三就是来回做题，做到学生要吐了，那他对学习还有兴趣吗？知识点反复训练到了熟能生巧的地步的话，人们对这个知识点就没有兴趣了，而且对孩子的心理健康很不利，

清华优佳教育创始人　薛平

现在心理不健康的孩子太多了，考试不及格推个窗户就跳下去了。

薛平：初二的时候我已经把高一和高二的一部分课程读完了，可以想象，每个人的禀赋不一样。我可能五年就能把初中、高中读完，那个人可能要六年，甚至更多，我维护初中、高中这种形式，我认为高三和初三是可以保留的。

张鸣：我觉得首先要砍内容，我们学的太多了，好多大学课程都是在高中学，干吗这么学啊！成长中的年轻人就是要给他们充分的玩的时间。

闾丘露薇：柳松，你为什么觉得不应该取消？

柳松：我认为现在中国教育最大的问题是我们的价值观，取消初三、高三不是一个最好的办法，我赞同徐老师提的调整内容。我们需要的不是头痛医头，脚痛医脚，我们需要的不是形式上的改变，而是内容上的改变。如果取消了高三、初三，迫于高考和中考的压力，要把高三和初三的压力转移到高二和初二，那个时候同学们打的就不是吊瓶，可能要输血了。

罗崇敏：实际上我是建议缩短学制，把12年的基础教育缩短到10年，为孩子们赢得更多自主成长的时间和空间。我个人主张就是小学五年，初中三年，高中两年。

闾丘露薇：杨先生怎么看？

杨东平："文革"时候就实现了罗厅长的理想，小学五年、初中两年，高中两年，实行了十年，也并没有妨碍一代人的健康成长。所以我觉得学制能不能缩短的问题还要考虑劳动力的合法就业年龄，和一个人的身心成长规律，也不是说越早进入劳动力市场越好。提前教育技术上能达到，但是不一定最有利于儿童的身心成长。

闾丘露薇：网上调查结果60%的网友觉得学到的知识很少，但是也有25%的被访者认为初三、高三也蛮重要的。

蓝方观众A：我们现在这个大的教育环境，决定了必须有高三这个过程，题海战术让我们也很痛苦。但如果教育理念不改变的话，取消高三、初三又有什么意义呢！高分学生和低分学生进入人民大学之后是一样的，因为我们的答案都是一样的呀。

红方观众B：教育制度是一定要改革的，改革就要走出第一步，我们不妨试一试，就从取消高三开始。提前一年到达社会，我觉得这个时间差异对我们甚至"90后"都没有问题，能早一年到达社会，失败的成本可能相应会降低一些，我们面对社会可能会更加从容一些。

蓝方观众C：我认为基础教育是一个人的人格形成过程，高三这一年虽然很痛苦，但是我们心中怀着一种希望。虽然身体痛苦，但是精神很快乐，我们经历过一次一次的失败，但失败也是对我们精神的一种磨砺，对于日后走上社会会打下非常坚实的基础，让我们有信心面对之后遇到的困难、挫折，所以我认为高三的存在是十分必要的。

　　资料：近日，湖北省孝感一中高三（3）班进入人们的视野，图片显示，教室内很多同学边打吊瓶边复习，场面颇为壮观。号称为"史上最刻苦吊瓶班"。一时间"吊瓶班"风靡网络。微博发起一项名为"你支持打吊瓶备战高考吗？"的调查中，仅有500多人选择支持吊瓶班，不足总投票人数的10%。吊瓶班的背后发生了什么？选择打吊瓶究竟有哪些难言之隐？全国三线中小城市的学子们，面对高考又有哪些不得不说的故事？《全民相对论》特邀孝感一中学子，吊瓶亲历者，亲临现场，讲述吊瓶故事。

　　闾丘露薇：我觉得教育制度改革是个太大的问题，我想大家对孝感打吊瓶都有印象，社会上看到这样的照片就会觉得非常的反感，觉得孩子是高考制度的受害者，但当事人会有不同的想法，代俊华，跟我们讲讲你为什么要打吊瓶。

　　代俊华：在高三那种氛围中，我们有升学的压力，考上理想中的大学是我们的奋斗目标。打氨基酸就相当于家长给我们吃补品，有医生说人在虚弱的时候打氨基酸是真的有效的，大家都有心理上的暗示作用，就觉得打了这个过后精神变得亢奋一点，也许暗示作用比实际效果要高很多。

　　闾丘露薇：你打过没有？

　　戴俊华：打过，不仅我打过，我的学姐、学长、学弟、学妹都打过，但是都不是在教室里，都是到医务室或者诊所。

　　闾丘露薇：我们要尝试站在当事人的角度来看待这个问题，纪萱萱是孝感一中毕业的，她写了一篇博客讲这个问题。

云南省教育厅厅长 罗崇敏

纪萱萱：由学校组织打吊瓶今年是第一次，以往都是家长自己带小孩去。学校组织统一打是因为家长集体到学校请愿，自己请假出去很耽误时间，第一次学校是没有同意的，后来家长又第二次请愿，学校也考虑到学生一个一个请假确实比较耽误时间，也不方便管理，所以就组织在医务室打吊瓶。至于吊瓶班的来历，是因为这个班的学生比较特别，他们认为去医务室都是在浪费时间，因为要排队，他们希望在自习的时间一边打吊瓶一边学习，这样就可以节省出至少一到两个小时的时间。这对很多人来说确实不可思议，但是我们湖北人竞争是很残酷的，高三确实就是差一分就差得很远。

罗崇敏：看了这个画面，第一是觉得悲壮，第二是悲哀，第三是悲惨。这种现象说明我们教育的失败，不能怪孩子。

张鸣：我觉得不只三悲，说实在的，打吊瓶一点用都没有，从医学上讲，所有蛋白质都有氨基酸，平时就可以补，根本没必要打氨基酸。你们拼命学到晚上 12 点睡，早上 5 点起，作为一个成长中的孩子，这样折腾自己，高分上去以后，大学也基本没用。

闾丘露薇：但他没有高分进不了大学。

纪萱萱：张老师，我们湖北的分数线是很高的。

张鸣：我知道，你们干吗要把分抬那么高？

纪萱萱：如果降低的话，那你们人大就会人满为患。

张鸣：不会的。

纪萱萱：一定会的。

张鸣：因为是相对录取，关键是你们自己把分数抬上来了，不怨别人，而且你们还乐此不疲。

柳松：实际上很多家长并不是因为争先，仅仅是恐后，只不过是因为大家没有安全感，所以把任何一件能够影响命运、前途的事儿，都当成是救命稻草，把它看得比天还大。

杨东平：我想最迫切的还是教学改革，就是教育内容、教育方法、考试制度的改革，学制的改革是个相对次要的问题。

　　资料："一张试卷把同学 16 年的学习评价了，公平吗？137 位高考状元中，为什么没有一位成为行业领军人物或国际大师？高考就是把学生变成考试机器，把老师变成制造考试机器的工程师。我们要取消全国高考，变一次考试为过程评价。"近日，云南省教育厅厅长罗崇敏在公开演讲中提出上述观点，引发众人热议。取消高考是否可以缓解教育应试化窘境？采用过程评价，考生、学校如何保证录取公平？教育改革，南科大是否就是榜样？

第二次选择：

红方：应该取消高考

　　　　罗崇敏、柳松

蓝方：不应该取消高考

　　　薛平

白方：中立

　　　杨东平、张鸣

闾丘露薇：先请罗先生来介绍一下你提出的这样一个测评的方式。

罗崇敏：现在的高考选拔方式是绝对不公平的，一个孩子十二年的学习成果用一个分数一张试卷就规定了，是绝对不公平的。这样的考试方法导致了教育价值流失，现在的教育共极化、功利化、世俗化、庸俗化，从某个方面讲80%的原因是高考，高考把人异化了，异化为考试的机器，异化为考分的宠儿。三级状元两千多个，一个都没有成为同领域的领军人物，所以我坚决主张把一次性高考作为过程性来判断，加上设置综合评价来选拔学生，另外要实行招考分离，把招生权利彻彻底底放给学校。

张鸣：我基本同意罗厅长的设想，如果有一天能够取消高考是很好的，但是我觉得现在不行。实际上在科举之前我们有过几次变革，但是最后发现还是考试最公平，其他方式作弊的可能性更大，而且当今社会诚信低到这个地步，再贸然改革不合适。

薛平：第一，先说自主招生，清华每年冬天都有艺术生特长考试，这里面绝对是有失公平的，本来自主招生就没办法公平。我觉得你好你就好，这个标准别人能信服吗？我认为我的出发点没问题，但是更多的观众不买账。我们现在制造一条改革体系或是什么，复杂程度比保持高考的纯洁性难十倍。

中国人民大学国际关系学院教授 张鸣

罗崇敏：我们也不要太悲观，在中国整一个社会的诚信体系是很难的，正因如此，才更应该不要神话高考，也不要妖魔化，一定要去优化它。

闾丘露薇：杨老师一直在做这方面的研究。

杨东平：实际上我是新一轮高考改革的主要制定者，是国家教育执行委员会高考改革组成员之一，现在的改革方向并不在于取消全国考试，只不过是要降低一次性考试在评价当中的权重。只把成绩、社会表现加在一块，但这个过程必然不能过娱乐关，我个人认为这种改革可能从中考开始会比较稳妥一点，当然也可以在有资质的学校做一些试点，但并不意味着马上取消一次性的统一考试。

电话接通朱清时：

闾丘露薇：深圳南科大已经是闹得满城风波，我们现在电话接通一位进行改革的先行者，当然他也走得头破血流。

朱清时：您好。

闾丘露薇：很高兴听说你们学校终于 OK 了，我们知道南科大有很多学生是直接从高二收取的，他们没有参加高考，那他们和高三的学生有什么区别吗？

朱清时：区别很大。第一，他们没有经过高三那种如何考试的训练，他们的创新能力属于原生态，便于接受新的东西。第二，他们也没有浪费那一年时间。我为我们收的教改实验班学生感到自豪，我觉得他们中间至少有三分之一的人以后会成为国家的重要人才。

闾丘露薇：您是争取到了自主招生的权利，罗厅长他们很想在云南这样一个省份来做改革，您觉得现在是时候吗？

朱清时：这个问题很重要，教育部实际上是在观察南科大这样做会产生什么效果，如果效果好，教育部就可能推广这种做法，逐步让中国的高校招生与国际接轨，国家统一考试，但录取权在各个高校。我希望试点能成功，让教育部放心推广这种做法。

张鸣：我是一直支持你的，但是我非常诧异，您为什么要争得教育部的批准？如果批准之后把你们放在第三批次来录取，你们怎么办？

朱清时：第一，争取教育部批准主要是需要一个合法平台来制定改革，前两年没有教育部批准，我们做的所有事情都遇到法律法规的障碍。第二，我们肯定不会是第三批次的，我们的招生广告很快就会登出来，教育部很快就会宣布我们是提前批次录取，就是零批次的自主招生录取。我们的录取将不仅是依靠高考成绩，自主考试也占一部分，学生的平时成绩又占一部分。

闾丘露薇：好的，谢谢朱校长，希望你尽快成功，罗厅长就有希望了，同学们觉得高考应该取消吗？

蓝方观众D：我觉得高考制度不应该取消，高考只是一个符号，应该改革的是他的内容，应该在哪些方面删繁就简，哪些方面添枝加叶，这是我们值得思考的。

蓝方观众E：只要有人拼爹，我们就必须支持高考。

一句话总结：

罗崇敏：过程考试加综合素质评价等于高考。

柳松：任重道远前途光明，相信中国的教育改革一定会乘风破浪。

薛平：我希望高考能做到为80%考生服务。

杨东平：高考改革的一个基本框架，仍然保持全国统一高考，但这个高考是分类进行的，是多元标准录取的。

张鸣：让高考触及人的教育的转换，把教育变成有人的教育。

本期编导：赵　勃

2. 成长"性"烦恼

□ 2011 年 9 月 9 日

性教育的重要目的就是性保护。

扫一扫 看本期节目视频

内容提示：5 岁女童遭遇性侵犯自己却毫不知情，30 岁女博士结婚两年却仍是处女，性教育雾里看花却无从下手，性启蒙争议不断却难以开口。上海、北京等地推出性教育读本《男孩女孩》《成长的脚步》，图文并茂的介绍性交概念。反对者认为，内容过于超前露骨；支持者认为，文字图片简单直观，素雅大方，聚焦幼儿性启蒙教育的难点与纠结。

本期主持人：

李鸣

本期嘉宾：

朱海南　北京 青少年法律心理服务中心心理专家

吴　鸥　果壳网副主编

陈素文　北京妇产医院计划生育调节科主任医师

方　刚　性与性别研究专家

陈　岚　作家

嘉宾选择：

红方：青少年启蒙教材过于直白露骨

　　朱海南、吴鸥

蓝方：青少年启蒙教材不算直白露骨

　　方刚、陈岚

白方：中立

　　陈素文

　　李鸣：性启蒙教材的争议让人看到了成长的性烦恼，从 2003 年的重庆再到上海、北京，它们的性启蒙教材都面对着大家的议论，激进的人说描述太过直白露骨，有媒体甚至说性启蒙教材涉黄。凤凰网民调如何看待性读本图文并茂，63.4% 的网友认为对性观

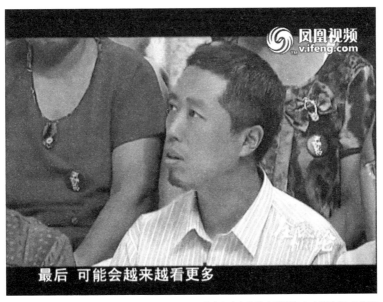

北京青少年法律心理服务中心理专家　朱海南

153

念是正确的介绍和引导，29.9%的网友认为图文解释男女性爱过程尺度过大，不适合小学生阅读，海南兄，你也认为太直白露骨，说一下你的观点？

朱海南：我觉得从教材来讲，会造成小学生的误解，他们处在一个学习阶段，以这种很直白露骨的方式告诉他们会造成他们的混乱，以至于他们更好奇，可能会越来越想看更多黄色的东西。

方刚：我们在这里谈性教育，包括男女身体器官差异的教育，以及性交、生命起源的教育，其实不是教青少年怎么做爱和如何做爱。我们反复强调应该坦白开放，包括对性器官的称呼，如果我们把男人的阴茎称作什么小鸡鸡、小鸟、水壶等等，本身就是对身体的污名。

吴鸥：我有一部分是不太同意的，我很支持性教育，我也认为教材出台是非常好的一个举措，但是其中的语言我认为不太适合。它过于着眼于性本身，让人产生一种不美好的感觉，让我们觉得性行为可能是草率的、粗鲁的甚至是粗暴的。

陈岚：问题是性教材本身的目的就是要告诉你什么是性行为，所以它当然会直接描述，难道你要让它又变得遮遮掩掩的？

吴鸥：不是遮遮掩掩，是说可以描述得更美好一点。

方刚：我们的目的在于传播性知识，一直在强调成年男女相爱，所以这个跟黄一点关系都没有。

吴鸥：方老师作为一个性学专家，肯定知道性教育是一个完整的、相关的体系，但是我们没有更好的方式吗？没有更美的方式吗？

陈岚：美和不美是见仁见智的，至少我就觉得挺好的，描述简朴大方。

红方观众A：我觉得小孩不能太小接触这些事，影响不是特

果壳网副主编 吴欧

别好。

李鸣：如果您的孩子小时候，学校给他这样的一本教材，您会觉得难受吗？

红方观众 A：难受。

红方观众 B：会引起青少年的性犯罪，给国家和家庭带来灾难性的影响。

朱海南：不把他引到一个好的方向，还可能把他引到一个不好的方向，这种可能性存在的话，后果谁来负？

陈岚：您刚才的谈话当中，特别能代表红方很多观众的想法，就是说只要涉性了就是肮脏的，一个懂得了两性关系或者性交这样字眼的孩子就不纯洁了。

朱海南：因为了解了这些就会带来走向肮脏的可能性。

陈岚：走向什么样肮脏的可能性？

朱海南：因为这些东西涉黄，有色情的东西，他会往那条路上去。

陈岚：说具体一点。

朱海南：这就很具体，很多人因为有了这样的桥梁，而去看更露骨、更丰富的色情片导致犯罪。

陈岚：您认为在很早之前没有性教育的时候，少男少女就没有性犯罪吗？或者是没有性行为吗？

朱海南：但是那个时候非常少。

陈岚：恰恰不是。那个时候的普遍结婚年龄是 13 岁到 15 岁，甚至还有娃娃亲，在我们现在提防青少年早恋的时候，那个时候的少男少女们都做妈了。

李鸣：陈医生，对教材里边的一些措辞、描述方式，还有插图，您觉得过分吗？直白吗？

辩论现场（左：陈岚 右：吴欧）

陈素文：大家一般想黄是什么？淫秽的东西，但是爱情性交有时是很美好的，你不能单独用一个黄或是不黄来定义。我认为如果在适合的时间灌输适当的知识就不黄，如果在不适合的时间给了不恰当的东西，就叫黄了。从这个角度来说，我们给孩子的东西要和他的身心、生理是相匹配的。

李鸣：也就是说教材不一定有错，关键是看给孩子的时间、方式、条件适合不适合。

陈素文：对。

朱海南：美国在二十世纪五六十年代也是采取这种早期性教育方式，带来的结果就是少女的怀孕率增加，性犯罪率增加，性病的增加，直到1996年克林顿颁布法令开展禁欲教育，这是美国遭受了不好的结果之后带来的回归。

方刚：全都是错误的信息传播。

朱海南：不是错误，这是受到了广大家长和老师欢迎的，网上能查到的。

方刚：那个网是不值得信任的。

朱海南：西方很多国家都有这样的例子。

方刚：我们大量的性教育学家、性学家，做了大量的研究，远远比那一个网上可信。

朱海南：我们在走西方的老路，按照这种方式怀孕率、性犯罪率肯定增加。

方刚：在美国，守贞教育已经没人搞了，已经臭名昭著了，所以美国的爱家协会才跑到中国来搞，中国的性学家一直都在批评它，所以您的信息远远落伍了，那肯定是错误的信息。

陈岚：您刚才说了几个违背常识的东西，你说克林顿在一九九几年颁布法案，克林顿1996年的时候是美国总统吗？其次没有一个美国总统会随意提出一项法令，程序都错了。

方刚：我只知道克林顿当美国总统的时候，在白宫接见了同性恋者，而守贞教育认为同性恋是最可怕的，是坚决反对同性恋的，所以您的信息完全错误。

资料：

民众：我觉得从在幼儿园大班甚至上小学的时候，可能就开始需要一些适合的引导，因为现在的新闻冲击太多了，小孩子即使是看动画片，都对性概念有一些懵懵懂懂。

民众：我觉得还是初中接受性教育吧，小学还是比较小，没有这种意识。

民众：我觉得早点好，小学四五年级就开始，因为他有一种概念。我外孙刚4岁半，现在他问我为什么女的要蹲着尿尿，男的要站着尿尿，我都没法解释。

民众：我觉得小学四、五、六年级就可以了，出生的话有点太早。

民众：我觉得应该从刚出生的时候，像我们小的时候一问哪来的，都说是捡来的，这种东西对教育来说就是一种误区。

第二次选择：

红方：学龄前进行性启蒙教育太早

朱海南

蓝方：学龄前可以进行性启蒙教育

方刚、陈岚

白方：中立

吴欧、陈素文

吴鸥：换一个其他的说法，比方说性别教育、性安全教育，而不仅仅落眼于性交是怎么一回事儿的话，这个过程应该是越早越好。

红方观众C：从幼儿园就开始那就太早点。

李鸣：网上对于性启蒙教育什么时间开始的调查，14.8%赞成小学时期，76.8%赞成中学时期。方刚兄，想听一下您的阐释了。

方刚：几个月前，我接受一个女子的咨询，她今年20岁，15年前她5岁的时候，有一个18岁的男孩子跟她说，我们一起玩游戏吧，然后把他的阴茎插入她的阴道，她那个时候只认为是玩游戏。如果那个时候她接受过性教育，知道自己的身体不想让别人侵犯的时候可以拒绝，可能就不会有那个悲剧。这背后说明一个问题，性教育在小学开始一点都不早，甚至已经晚了，我强调更早的把性知识教给青少年，同时告诉他们自我保护。

陈岚：就是因为我们这一代人没有正确的性教育，所以在跟孩子做教育的时候也是非常失败的。我们不知道告诉孩子如何避开危险，也不知道告诉孩子这个世界上有很多变态，有很多稀奇古怪的禽兽存在。要告诉孩子跟陌生人相处要保持距离，必须要保护好自己的身体隐私部位。现在有几个家长敢跟孩子说这事，他们连告诉孩子性这个事的存在都不敢。

朱海南：你把性保护跟性教育混为一谈了。

方刚：性教育的重要目的就是性保护。

陈岚：对。

红方观众D：一盆平静的水，你扔了石子就有波澜了，更激起那个波澜了。

陈岚：你认为孩子是一个平静的水盆？你认为一个人出生是没有性意识存在的，是长到了十六七岁忽然就有性了？不是这样的。这个水盆从来就不是平静的，只是假装它是平静的。

红方观众D：刚出生怎么教育？到了一定年龄他才有接受的能力。

方刚：几个月的孩子就有性欲了，他就会自慰了，不是到青春期才有，性欲是一直持续的，甚至新的研究显示在娘胎里就有性欲了。

陈岚：不能因为你不知道这方面的知识，也不能因为你没有看到相关的资料，就认为它是不存在的。此时此刻，古往今来，千百万年，就像太阳在我们头顶运行着一样，性与生俱来，从我们出生那天起，甚至是从我们没有出生前的那一天起，你们假装它是不存在的，假装不告诉孩子，这一切就不会发生的，我认为你们极其的荒谬愚蠢，像鸵鸟一样把自己藏起来。

方刚：所以我们说好的性教育，其实从出生就开始了。

李鸣：出生怎么开始呢，有用吗？

方刚：小孩子六七个月的时候就开始自慰了，父母是一个巴掌还是让他自慰，这就是性教育哦，你以为你没有讲性，但性的引子就埋下了。孩子还不会说话的时候，你就教他辨识身体器官，你说摸头，他摸对了你鼓掌；你说摸手，他摸对了你鼓掌；你说摸脚，他摸对了你鼓掌，你唯独不让他摸阴茎和阴道，小孩子关于隐私部位的那种罪恶的、回避的、羞耻的概念就是这样埋下的。还有当你拒绝异性父母跟他洗澡的时候，他对异性的身体更加好奇，关于身体的负面认识就是这样埋下的。另外以自慰为例，很多小孩子不会用正确的方法自慰，女孩子把发卡、眉笔之类的捅到阴道里拿不出来了，男孩子甚至用火柴棍往尿道里面捅，或者拿阴茎往墙上撞。性教育不是不让他们自慰，而是告诉他们正确的方式，不要伤害自己。

朱海南：我还是不认同，这么早，特别是学龄前接触性，身

他肯定知道性教育

性与性别研究专家　方刚

心都遭受这样一种刺激的话，后果谁来承担？

　　方刚：您刚才说到了，孩子都性早熟了。

　　朱海南：对呀。

　　方刚：然后又不让我们进行性教育，那是让他自己摸索吗，我们的性教育不是教他做爱。

　　朱海南：两种力量加在一起非常可怕，带来的后果也非常严重。

　　方刚：那如果不进行性教育后果你负责吗，那些五岁被强奸的女孩子你负责吗？

　　李鸣：因为陈素文医生工作的环境，决定了会看到不少的青年人，您不妨讲讲这方面的一些观感。

　　陈素文：我工作20多年了，开始到医院的时候碰到过一对看不孕症的夫妇，男女双方都是清华大学的博士，来看不孕症，我们给女方做检查，一看这女方居然是个处女，她就从来没有进行过正常的性行为。我碰到一个 14 岁的女孩做流产，她跟同学发生了关系，怀孕以后自己到外面买药，最后没流出来，她自己也不懂，结果就到中期了，被父母看出来了，才到医院来做引产，还有一个 12 岁的孩子就被妈妈带来医院做手术。所以现在青少年性教育不能再晚，必须在孩子生理发育之前就要把正确的知识告诉他，让他了解自己，保护自己。

李鸣：海南兄也是从事青少年心理辅导和教育方面的，您的观点呢？

朱海南：我恰恰觉得这种现象就是接触了性相关知识引起的，如果还推波助澜搞这些性教育，带来的误区可能更多更大。

李鸣：陈医生您觉得谁应该更多地承担孩子性教育的责任？

陈素文：肯定是父母，孩子一出来，生活在自己的家里面，有的孩子上幼儿园，有的孩子未必上幼儿园，如果把责任完全推给幼儿园或者社会，也不完全是正确的，而且家长是他成长的抚育者，也是他成长的见证人。

李鸣：海南兄，谁更该承担这样的责任？

朱海南：我觉得不光是家长还是老师，都应该承担这个责任，不应该在孩子分辨能力还很弱的情况下，就盲目地给他过早的性教育，这是我们作为一个成人都应该尽到的责任。

李鸣：方刚先生是承担研究工作的。

方刚：我们当然认为家长是孩子的第一任老师，但是在今天中国的具体情况下，家长自己的性知识就不健全，性教育态度就不对，所以学校应该承担更多的责任。希望学校成长出来的新一代的孩子成为家长的时候，能够很好地对自己的孩子进行性教育。

一句话总结：

陈岚：我们要透明信息，让孩子学会自我管理。

朱海南：要让我们的孩子学会孔老夫子教育的最高原则，就是思无邪，还有非礼勿视，非礼勿听。

吴鸥：性教育是一个因时诱导循序渐进的过程。

陈素文：早期适时、适度的性教育，有利于青少年的身心健康。

本期编导：赵　勃

3.2013年，"90后"来袭
□ 2013年5月28日

"90后"生活优越找工作容易造成心理落差。

扫一扫 看本期节目视频

内容提示：2013年，高校毕业生699万，就业签约率不足30%。也就是说，只有200万人找到了工作，将近500万人成为"教育滞销品"，就业再次成为热点话题。

褪去了天之骄子的光芒，"90后"大学毕业生显得更加急躁与不安，"90后"一代人整体都面临着融入社会的难题。面对社会上充斥着不理解与质疑，"90后"的成长道路不再一帆风顺，独立、反叛、个性张扬、自信而脆弱，是舆论加重他们的标签。而这也成为"90后"求职的双刃剑，在企业与"90后"双向选择的博弈过程中，"90后"对于自己的职业期望是否过高？

本期主持人：
闾丘露薇

本期嘉宾：

陈　言　北京社会科学院文化研究所副研究员

石秀印　中国社科院社会科学研究所研究员

史　宇　国家二级心理咨询师

易　萌　完美世界人力资源总监

周希猷　就业指导专家

嘉宾选择：

红方："90 后"对于自己的职业期望过高

　　　　陈言

蓝方："90 后"没有对自己的职业期望过高

　　　　易萌、石秀印

白方：中立

　　　　周希猷、史宇

闾丘露薇：正在读书的大学生，有没有想过大学毕业之后找一份什么样的工作？

白方观众 A：想过一些，但还不是太明白，因为现在是研一，还有两年才毕业，在探索当中。基本上大家都认为今年就业形势比较难，而且研究生比本科生更难。

蓝方观众 B：像我接触到的师兄师姐，尤其是今年毕业的，他们找不到工作就宁愿选择延期，不会选择去拼一拼。

闾丘露薇：为什么觉得现在的大学生职业预期好像变高了？

陈言：我觉得"90 后"从小生活的环境比我们"70 后"、"80 后"更优越，这种优越的生活环境让他们有一种非常自信的开拓力、勇气，但是等他们真正到社会找工作的时候，那种心理落差会更大。

易萌：其实我倒认为现在的"90后"毕业生特别清醒，比"80后"、"70后"更加理性。我是从事企业 HR 工作的，从每一届招的学生的变化都能看出来，他们在选工作的时候特别理性。

闾丘露薇：就是说对于薪资要求、对于职位相对来说比较务实。

易萌：对，他们对信息来源非常清楚，感觉比以前信息闭塞的时候要理性多了。

闾丘露薇：石先生呢？

石秀印：我觉得不是"90后"的要求太高了，而是企业还没有跟上"90后"的变化，企业的劳动条件、劳动时间、薪酬都还处于原始积累阶段，企业要适应"90后"的要求，必须改变。

周希猷：企业认为招员工是来工作的，解决公司的问题，不是让你来学习的。"90后"的生活条件比"70后"、"80后"要好，生活压力没那么大，他们会要求企业的待遇、福利、培训计划等等都要比较完备。这就是企业和"90后"之间最大的矛盾。

闾丘露薇：但是你说的这种心态，每一个年代的毕业生都是一样的呀。

史宇：很多人都在抱怨为什么找不到一份很好的工作，为什么拿不到很好的薪金，这不是"90后"的问题。我是"80后"，在"80后"的那个年代里面也有这种情况，把自己定位非常高去求职，最后屡遭失败，所以这不是"90后"的特征，是全部人都会有遇到这样的问题。

闾丘露薇：不管在什么年代，当你在校园走出来要去求职的时候，都会有这样的问题。其实这种就业难 2007 年也有过，当时的毕业生超过了 600 万，好像最后是解决了，有政府的很多投入，包括鼓励大家考研，或者扩招公务员。那今年这样一个状态，靠政府的投入增加就业机会还能实施吗？

这些人 世界管理史上已经说明了

北京社会科学院文化研究所副研究员 陈言

　　陈言：我持比较悲观的态度吧，因为政府本身在教育方面的投入就不尽如人意，在这个时候，我觉得它的措施不一定能跟得上。

　　易萌：说实话，其实企业招聘应届生是很谨慎的，除非一些比较初级的岗位确实需要应届生来填充，毕竟应届生的成本会比较低。如果企业是在平稳发展阶段，或者是在下降阶段，应届生需求是很少的，去校园大量招聘的往往都是发展非常好的公司。

　　闾丘露薇：石老师，刚才您提到企业要做调整来应对就业人数的改变，您为什么觉得是企业要做调整呢？

　　石秀印：孙中山同志早就说了，世界潮流浩浩荡荡，顺之者昌逆之者亡，你不可能改变每年的六七百万"90后"。世界管理史上已经说明了，员工的权利意识、智商都是在逐渐发展的。管理，你只能顺应或者教育，但是你不能把"90后"这些人退回到"80后"、

"70后"去，这是不可能的。

闾丘露薇：我听说好多大学生不愿意到企业工作，都抢着去考公务员或者事业单位。对于今年快700万的大学生来说，不是这样吧，而是能不能有一份工作的问题。

周希猷："90后"对自己的期望会更加明确，进企业之前可能他会画一个top，把目标定为前面百分之五的企业，不论是企业单位、事业单位还是政府机构都可以，如果不是这样的话，他宁愿在家里先休息休息，他们能够承担得起时间的成本，在我看来他们的压力没有我们想象的那么大，包括农村的孩子。

闾丘露薇：至少现在的"90后"毕业生，包括农村的，即使回到家，吃口饭是没有问题的。

史宇：吃口饭肯定没问题，但要看吃什么饭，从内心的角度来讲，自己点菜和别人点菜的差别是非常大的，所以要吃什么样的饭，就决定于你有什么样的本事。我见过很多大学生，家里面可以提供很好的物质条件，但他们还是会选择自己创业，为什么？他们在寻找自我实现的价值感。所以我认为大学生在找工作的问题上面，自主的选择是非常重要的。

闾丘露薇：观众们在大学毕业之后找工作是都挺顺利的，还是也有很多纠结？

蓝方观众C：我是1999年本科毕业，后来又读了一个社会学研究生，我现在从事的工作是IT，进过三个IT上市公司，一个世界500强公司，最近在一个只有二三十人的公司做leader，所以我觉得有很多选择也是一种好的事情，只有一种选择也是一件很好的事情。

蓝方观众D：我比这位大哥就顺利一些，我已经工作两年了，学的教育专业，现在从事的也是教育工作。很多人高中不太知道自己想要什么，所以大学就是摸索的时候。到了毕业季，可以看一些心理学的书，它会告诉你适合什么样的职业，然后自己可以有一个短期的职业规划，这样能够帮助我们找到适合的位置。

闾丘露薇：周先生对于找工作有一些什么建议？

周希猷：第一，还是应该先从认识自己开始，很多人做不到这一点，有的甚至在工作三五年以后才开始实质地进入到这一点。第二，对你所在的这个地区或者中国宏观经济有一个起码的认识和了解。第三，进入职场之后，"90后"也好，"80后"也好，都会强调个性，所有人都以我为中心的时候，在竞争中你就没有任何的优势，有成就的人一定是能够带领别人的人，这些人往往都把自我放得比较低，这样才能够让别人追随你、帮助你，愿力比能力更重要。

闾丘露薇："90后"和"80后"个性上有什么不一样的？

史宁："90后"大部分个性更鲜明，"80后"稍微要内敛一些，"90后"的自主性意识非常强，有很强的思辨能力。听爸爸妈妈的话是我们小时候听得最多的，但是"90后"的思辨能力更强，他会思考这句话是不是合理，这方面他们确实比我们要好得多。

石秀印：我认为"90后"最大的不同就是他们生活在市场环境下，他们受到市场气氛的熏陶，市场规则告诉他是一个市场主体，这个意识"90后"是比较强的。我认为"90后"最主要的问题就是在市场化下形成了一个社会主体的地位——那个大写的人。

闾丘露薇：如果社会不回应"90后"更自由独立的个性，会产生什么问题呢？

石秀印：深圳的很多"90后"比我们的大学生要提前三年四年进入企业，现在深圳的很多企业已经学会了怎么来适应"90后"。"90后"喜欢网络，他就把网络安上；"90后"只愿意上八个小时，不加班，好多企业就改成八小时上班制；原来食堂就两个菜，现在已经多样化……实际上聪明的企业家，现在已经开始为了吸引"90 后"调整企业了。

闾丘露薇：这一点企业可能更有说服力，易萌你们是不是觉得所需要的人才可能跟校园教育出来的学生不太一样，他所掌握的技能和实际需要其实有距离。

易萌：非常有距离，所以现在越来越多的企业已经尝试和学校合作，做一些培训班，有可能他们一个学年的实践课都是在我们企业上，毕业的时候就可以到我们这来就业，完全衔接，就不需要再做就业前的培训了。越来越多的企业都主动出击找学校合作，有些学校也是反应很快，反应快的学校学生就业率往往比其他学校高。

陈言：现在好多大学生也反映在学校里学的东西有用的很少，所以我觉得现在大学学科设置必须要改革，这已经是迫在眉睫的事情，但也并不是说所有的学科都要跟社会接轨，一些基础学科是培养最基本的人生观、价值观，可以保留，可以做一些市场调研，看看哪些学科可以转型，哪一些不必。

闾丘露薇：易萌给我们解释一下，你们在校园招聘的时候，"90 后"喜欢什么样的求职方式，择业的时候会提一些什么样的条件。

易萌：毫无疑问，现在网络求职方式一定是占优的，大学生有很多网络渠道，比如说一些求职网站、校内 BBS，还有一些个人的社交网站。我们也会投入大量资源从这些地方获取简历，其实企业很喜欢一些名牌大学或重点大学毕业的学生，尤其是高科技企业，都去抢这些大学生，永远都是那么一小批人被好几个企业抢。

闾丘露薇：先不管这个公司或职位是不是最好，先踏半个脚进去，这是不是一个很好的选择方式呢？

易萌：就我的经验来说，我认为这是很好的一种方式，说实话，企业对于应届生的需求是有疑虑的。每年计划招生或者招聘的时候，企业总是会不断地顾虑性价比，如果你一只脚先踏进来，积累一定的经验后再看未来的方向，可能对职业进入更好。

陈言：我听说他们现在找工作最先关注的是工资，至于这个职业是不是跟自己的心性相符合可能是第二位的。

闾丘露薇：石老师，你觉得这个价值观更加现实、更加注重自己的权利吗？

石秀印：更加现实。

史宇：特别现实，"90后"普遍自我意识感非常强，他不但价值观更现实，而且更直接。面试的时候，HR不但要说现在我能给你多少，还要说五年后能给多少，他们关注的东西就是最现实的话题。

易萌：其实我的团队里面也有好几个"90后"实习生，我感觉他们比我以前接触的"80后"实习生要成熟很多，在为人处世

完美世界人力资源总监　易萌

上不像职场新手。我觉得有可能是因为他们有大量的信息来源，比如各种自媒体、微博或者一些BBS，会告诉他们进入职场之后应该怎么做，所以他们在职场的表现让我非常震惊。一个学生还没有毕业能成熟成这样，可以帮你想到很多细节问题，所以我倒认为这应该是一种好的表现。

> **资料**：一个时代有一个时代的骄傲与辉煌，也有那个时代的无奈与困惑，与当年"80后"被贴上娇生惯养、自私的标签，被称作垮掉的一代一样，今天的"90后"同样面临社会的质询，不一样的是，"90后"身处信息爆炸的时代，现代社会的快节奏已经完全融入他们的血液。

第二次选择：
红方："90后"比"80后"更具优势
　　　易萌、周希猷、石秀印
蓝方："90后"没有"80后"有优势
　　　陈言
白方：中立
　　　史宇

闾丘露薇：蓝方的观众为什么觉得还是"80后"更靠谱一点？

蓝方观众E：我们公司是一个深圳的上市公司，有很多"90后"，现在自离率非常的高，就是员工上上班然后不见了。他不在乎公司有没有押一个月工资，或者是绩效有没有考核，他就不见了，也不做工作交接，特别是一些基层工作人员，比如文员或者销售助理，我觉得这是没有责任心的表现。

闾丘露薇：就是没有担待。

蓝方观众 E：对，我觉得"90 后"在这方面特别分裂。

蓝方观众 F：其实优势本身不在于技术的进步，而在于团队对于过去理念的一个坚持，"80 后"从小树立的了一个正确的团队合作理念，这是"80 后"成长的优势。"90 后"在 2000 年以后所经历的社会和我们不太一样，所以无论从社会文化的认同还是团队个体的发展来看，"80 后"都比较有优势。

陈言：我在科研单位所接触的"80 后"比较多，我觉得他们很务实，工作非常出色，但是我现在没有看到"90 后"在工作中的状态，我听到的就是他们换工作相当勤快，而且是不给上司一个很好的说法。

闾丘露薇：像刚才那位企业主管抱怨的，说走就走了。

陈言：对，"90 后"生活在电子信息化高速发展的一个阶段，刚刚听易萌老师讲可能比较务实，会跟大家合作，但是他们的内心不一定会认同这些，他们的自我或者自私面更强，所以有可能会导致人格更分裂。

闾丘露薇：红方的观众为什么会觉得"90 后"比"80 后"更出色一点？

红方观众 G："90 后"的成长确实有一点分裂，可能他们在网络上和在现实中是两张面孔，但是我觉得早期对信息的接收对将来还是会有一定好处的，接触现实早一点，会慢慢地有一些分辨能力，这一点可能比我们"80 后"会更好一些。

闾丘露薇：周先生觉得呢？

周希猷："80 后"进职场的时候舆论压力非常的大，"90 后"在这一点上比"80 后"有一个巨大的优势，因为大家已经被"80 后"洗过一次脑了，"90 后"只是程度不同，没有质的变化。

陈言：我这两天跟大学生聊得比较多，我问他们眼中的精英是什么，基本上都是知识领域的，他们认为即使社会对"90后"批判比较多，但是"90后"会承担社会的责任，承担社会责任的人是谁？主体就是这些知识精英。大家认为"90后"更有优势，说的其实也是知识这一块，我想"90后"会在知识领域给我们带来很多变革，有可能他们能实现飞跃，可以飞得很高很快，但是我更关注的是他们的内心。

周希猷：我个人对"90后"其实抱有很大的期待，因为目前大家都有很多的压力、问题，"90后"可能是包袱最小的一批人，我们要主动拥抱"90后"，我们的未来在他们身上。

闾丘露薇：石老师也很看好"90后"，也许他们会给我们带来实质性的改变。

石秀印：我同意你这句话，不能说"90后"会在历史上承担多大的责任，但是我相信社会在发展，我相信他们会推动整个社会的进步。

易萌：其实我对"90后"还是抱有很大的期待，"90后"是推动我们企业、社会发展的动力，将来，"90后"进入工作岗位，我认为他们也同样不会放弃自己的标准。他们的审美观也好，价值观也好，都会带到工作当中来，会极大地繁荣我们的科技，或者繁荣我们的文化。

闾丘露薇：所以你觉得企业的文化是会被新时代的员工所改变。

易萌：是这样的，因为企业要调整自己去适应它的员工，或者说员工的总和会影响企业的文化。

一句话总结：

石秀印：明天在"90后"的手中。

史宇：拥有的越多，痛苦的程度就会越大，所以"90后"你还在抱怨工作辛苦吗？

易萌：长江后浪推前浪，我认为"90后"是弄潮儿。

周希猷："90后"要相信自己，社会也要相信"90后"，改变社会的力量在于你们，加油吧！

陈言：我不在乎你有多么成功，我在乎你的内心有多么丰富。

本期编导：王 硕

4. 狼爸来了

□ 2012 年 2 月 10 日

"打" 是一门艺术。

扫一扫 看本期节目视频

内容提示：萧百佑是一位商人，近日他名声大噪，不是因为他发财有道，而是教子有方，他的四个孩子中，有三个孩子被保送到北京大学，为此萧百佑积极出书，推广自己的教育经验。在这些教育经验中，最具争议的一点就是"三天一顿打，孩子进北大"。因为打孩子，萧百佑还得了一个雅号"狼爸"，"狼爸"式教育是否合理？"三天一顿打，孩子上北大"的教育理念是否值得在当下推广？

本期主持人：

高潮东

本期嘉宾：

萧百佑　"狼爸"

赵丽琴　北京工业大学人文学院心理教研室主任

储朝晖　中国教育科学研究所研究员

朱海南　北京青少年法律心理服务中心心理专家

石秀印　中国社科院社会科学研究所研究员

嘉宾选择：

红方：支持"狼爸"

　　萧百佑

蓝方：反对"狼爸"

　　赵丽琴、储朝晖、朱海南

白方：中立

　　石秀印

高潮东：请各位嘉宾阐述自己的观点。

萧百佑：全面的家教，科学的体罚，是孩子成长的必经之路。

石秀印：在特定时间、特定场所打孩子，才有积极作用。

储朝晖：打是不能解决问题的。

朱海南：不同的孩子应该用不同的教育方式，打不是唯一的出路。

赵丽琴：在孩子的教育过程当中，恩威并重是必不可少的，但是惩罚需要讲究科学，也需要讲究策略。

高潮东：站队里面"狼爸"是稍显孤独的，但是还是有一些追随者。

红方观众A：我对于教育孩子这方面有一点理解，小孩我要恩威并重。

高潮东：您小的时候挨过打吗？

红方观众A：没有，但有冷暴力。

高潮东：那比打还难受。

红方观众A：妈妈看我犯了错，拉着脸，几天不搭理我，这个时候自己要有一个自责或者反馈，想想这是犯了什么错。

高潮东：刚刚蓝方的观众悄悄地跟我说了一句话，我觉得您可以大一点声说。

蓝方观众B：我觉得红方坐的全是新中国成立前的老太太，我上学的时候也挨打。

高潮东：结果您上北大了吗？

蓝方观众B：我上不了北大。

高潮东：结果上哪儿了？

蓝方观众B：上农业社干活去了。

高潮东：是吗？看来上不上北大，跟挨打没有什么关系。

蓝方观众B：为什么现在不主张打孩子，因为现在两口大人带一个孩子，有点娇生惯养，都凭着孩子的自觉去学习。

高潮东：新的理念已经是开导式、启发式教育了。所以您认为他们都是新中国成立前的了？

高潮东："狼爸"说过一句非常有争论性的言论，叫作"三天一顿打，孩子进北大"，还确实，最后这句话在他身上成立了，因为你有三个孩子都已经进入到了北大，是吗？

萧百佑：这句话不是我的原话，我的书里也没有，是大家在传播的过程中，总结出了这么一句话，我觉得总结得挺好，所以我也接受这句话，因为这句话反映了中国打文化的特点，比如我们坐在这儿的大姨大伯打麻将、打高尔夫、打扑克，都是打嘛。

高潮东：对，但是我觉得您这句话也稍微有一点嫌疑，因为叫"三天一顿打"，我对这个三天非常感兴趣，我属于调皮的，我最调皮的时候，也就是两个月挨一次打，三天，有这么频繁吗？

萧百佑：一天三顿打都有。他错三次，就打三次。

高潮东：当饭吃，是吗？

萧百佑：比饭还重要，教育嘛。

"狼爸" 萧百佑

高潮东：这也是营养的一种，是吗？

萧百佑：精神力量，因为他错了就必纠。

高潮东：是啊，您这个书一推销，经典语录一出来，您知道什么脱销了吗？笤帚疙瘩。我小时候挨打，我妈抓起那个东西就是一顿打，还有掸子。

储朝晖：我觉得萧百佑这个书呢，对社会有一个误导，好像你孩子进北大跟打之间有必然的联系，事实上你孩子也吃饭了，也喝水了，为什么不说我孩子喝水喝进北大了，吃饭吃进北大了呢？

萧百佑：储老师，如果你看了我的书，这句话就收回去了，我的书里面就有饭有粮食有空气有爱，什么都有，但是其中有一条叫打。

储朝晖：所以我认为要分清楚打跟进北大之间到底是一个什

么关系。

赵丽琴：我从博士开始一直就是研究学习动机的，学生学业成绩的取得，取决于几个方面，比方说孩子的智力水平，另外就是他的非智力因素很重要，当然还有所处的教育环境。综合很多因素，很难说您的教育方式起了作用，我也在做青少年心理咨询，接待过一些个案。比如说有的孩子从小受了父母非常严酷的家教，有的甚至动过双节棍，我发现这些孩子的报复心理很强，他们的身心、学业成绩并没有像您说的那样。

高潮东：应该没有必然的因果关系。石老师为什么选择了中立？

石秀印：打进北大，这就是成功了吗？

高潮东：这是衡量一个人是否成功的标准。

石秀印：中国历史上大概出了二百多个状元，他们对中国做了什么贡献呢？科大培养了那么多少年天才班，可是现在哪个少年班真正为国家科技做出什么事情来呢？

高潮东：对。

石秀印：他现在才20岁，我们要看打进北大40年之后的成果。

高潮东："狼爸"您原来说过的一些经典的语录，好像是您和孩子的对白，孩子问什么是民主，您说您是主，孩子是民。孩子长大了会开始反抗，孩子说今天弹了四个小时的琴，问您怎么奖励，你就直接奖励了再弹2个小时。

萧百佑：对。

高潮东：您说如果有兴趣，可以，考上大学再来谈兴趣。

萧百佑：对。

高潮东：那就是说您的孩子弹钢琴不是凭兴趣，那他们凭的是什么呢？

萧百佑：考完大学再跟我谈兴趣跟他们弹钢琴是不是凭兴趣，

这不是一个矛盾。

高潮东：没有因果关系？

萧百佑：没有。

高潮东：那他们当时说的那个兴趣是什么？

萧百佑：他们的兴趣其实是什么都不想学，孩子最大的兴趣就是不学，就玩。

储朝晖：因为你剥夺了他们的自主性。

萧百佑：人之初，性本善。

储朝晖：你说你是主，他是民？

萧百佑：对。

储朝晖：所以他就没有兴趣，这是最主要原因。

萧百佑：那不是。

高潮东：就是孩子和大人之间是不对等的，有一种抵抗心理，

中国教育科学研究所研究员 储朝晖

是吧？哪里有压迫，哪里就有反抗。

储朝晖：对。

萧百佑：我说的不是我的孩子，是天下的孩子，人之初，性本善，都没有兴趣，最好就是朦朦胧胧、浑浑噩噩中长大，衣来伸手饭来张口，这是孩子最好的天性。0到3岁的孩子就是这样，有奶就吃，一疼就哭，3岁之后启蒙，6岁开智，就要学规矩、学道德、学人意，刚才高潮东问我有没有委屈，我向天下家长说，有何委屈啊？没有委屈。

红方观众C：您好像是有四个孩子，我一直搞不懂，孩子随着年龄的增长，随着各方面的教育，孩子成长了上大学了，就是您打出来的，我觉得这也不是绝对的。

萧百佑：我从来没有说我的孩子是打到北大的，上北大也不是因为打出来的。我打是因为他犯了家规，家规就是道德。我最反对某种家长，比如说老师今天教了1+1=2，孩子回去跟家长说1+1=2，家长就问2+1等于几，孩子说等于3，然后很快，爸爸就教到9+1了，完了，第二天老师再讲2+1等于3，孩子就不听了，因为他懂。他破坏纪律了，他扰乱了老师的程序，结果到老师讲1×2等于几的时候，他也不学了，以后就什么都没有了，天才也没用了。所以我觉得知识结构是老师给的，我所有孩子的知识结构包括业余爱好都是老师给的，我从不干预，我只看分数，而且不是绝对数，而是在班的排名，跌到第五位，必打。

高潮东：就不允许有人排到第五之后，是吗？

萧百佑：允许，打。

高潮东：也有网友说进不进北大不应该当作评判人是否成功的标准，我特别想问"狼爸"一个问题，你认为药家鑫在出事之前，是不是一个成功的孩子？

萧百佑：不成功。

高潮东：恕我直言，他的家庭环境，有一部分跟您有点像，比如说他也是被打出来的。

萧百佑：貌合神离。

高潮东：他犯了错误，他爸也会几天不理他，他非常有礼貌，包括他教弹钢琴的那个孩子家长，一听说药家鑫连刺人N多刀，他都不信。他说每次药家鑫到他们家来都是坐公共汽车，一进门先问好，再询问可以坐吗，教孩子弹钢琴之前必洗手，特别有规矩，您怎么看待这个事儿？

萧百佑：第一，在心理上，药家鑫的家长没有辅导好孩子；第二，教育目的不纯洁。为什么我说我的家教是一个科学的体系呢？我的心很纯洁，孩子优秀是因为他的基础，因为他的心。

高潮东：心非常的善良是吗？

萧百佑：对，由善而带出了所有行为。

高潮东：那怎么能够做到让他善呢？

萧百佑：回归传统，就是像刚才石老师说的，儒家、法家、道家都要融和。

高潮东：您说的那些我们也都知道，可不可以反着来说，现在那么多不善的事儿，恰恰是因为我们丢了传统？

萧百佑：真的。

高潮东：我再问"狼爸"一个问题，如果给您的小孩定位的话，他的童年是不是幸福的？

萧百佑：肯定幸福。这跟我的家教理念有关，孩子100分应该的，101表扬，你做到本分了，比如弹钢琴，我本来就要你弹四个小时，你做到了人的本分，如果你要表扬，好，加练两个小时，我再表扬你，就这么简单。

高潮东：孩子他有没有过反抗？

萧百佑：没有。

高潮东：因为他打不过你？

萧百佑：不是，因为他知道爸爸妈妈每一分钱不容易，所有的生活都要金钱来支撑，所有的知识都要价值来换取，他知道粒粒皆辛苦，知道每一堂课都是钱，就这么简单。

高潮东：所以要乖乖地听课。

萧百佑：对啊。

高潮东：网络调查是否认同"狼爸"式教育，有55.1%的网友不认同，他们觉得考进北大并不是成功的唯一标准；27%的网友认同，觉得小孩不打不成器。我相信这个调查哪怕做10次结果都差不多，唯一不同的是听了萧百佑现场的演讲之后，可能会发生一些变化。有种说法是说港澳生只要会写自己的名字、会交学费就可以上北大、清华，可能大家不了解这个背景，您的三个孩子都是港澳生这个特殊身份考上来的。

萧百佑：对。

高潮东：然后有人就说，如果你能在河南考上清华、北大，就算你牛。

萧百佑：其实这个问题我已经在很多场合都解释过，这是一种阴谋论，这是对港澳生的一个片面理解，对北大的一种不公正。我的三个孩子都是港澳生，首先他们从幼儿园开始一直在广州，接受的是中国的中小学正常的教育，一直到高二，因为是港澳生不能参加内地高考，只能参加港澳生的联考。第二，我三个孩子都是他所在学校的前一、前二、前三名。

储朝晖：萧先生，我再问个问题，您的孩子为什么不考港大或中大呢？

萧百佑：学中国的文化，全世界所有大学加起来不如北大十分之一。

储朝晖：你就认为，香港中文大学远远不如北大？

高潮东：那新加坡呢？

萧百佑：不如。

储朝晖：我实话告诉你，香港中文大学、北京大学我都很熟悉。

萧百佑：恭喜你。

储朝晖：但是我认为香港中文大学比北大更好。

萧百佑：是校舍好，还是什么好？

储朝晖：就是它的师资、教学质量各方面，世界上排名一直都是比北大好的。

萧百佑：千万别信那些排名，我说的是学习中国文化，港大中大加起来不如北大的一个系啊。北大的图书馆管理员就成为我们的毛主席，什么东方学院、伦敦学院所有教授加起来还不如半个鲁迅。

储朝晖：你的孩子如果是在香港考大学，能考上什么大学？

萧百佑：第一，他们考不到大学，因为他们没有接受香港的教育，他接受的国内的教育。

储朝晖：那为什么现在这么多大陆的学生能考上香港的大学？

萧百佑：那就是盲目了，为了追求奖学金，如果港大、中文大学没有了几十万的奖学金，我们的状元会去吗？

储朝晖：现在这个情况已经很清楚了，一个是萧先生家几个孩子上了北大，我认为这个原因有两个方面，一个是先天的智力就不错，第二是由于他以港澳子弟这样一个身份进北大，相对比内地更容易一点。

萧百佑：如果他们不是港澳生，早就被保荐到北大、清华了，曾经比他们差的同学都保荐了，何况我的子女。因为国家的政策他们只能参加联考，高考前，我的二女儿哭，因为不能参加高考，就像一个战士不能上主战场打仗，要守仓库，我说你的同学比你成绩差的被保送了，岂不是连仓库都没得守，那还不得自杀啊，不要对不起联考，要尊重国家政策，联考是给港澳台侨胞设的一个学习中国文化的通道。不要阴谋论，不要诋毁这个政策，更不要怀疑我孩子的水平。

第二次选择：

红方：认可"狼爸"式教育

　　　萧百佑

蓝方：不认可"狼爸"式教育

　　　赵丽琴、储朝晖、朱海南

白方：中立

　　　石秀印

红方观众D：他有些方法是对的，像我的孩子吧，从小就是

中国社会科学院研究员 石秀印

没像他天天打，她很小的时候不做作业，我会让他在门后面罚站，有一次她不听话，我就用一个大绳子把他给捆起来。

高潮东：您捆的确信是你家儿子吗？

红方观众D：闺女。从那以后，她每天回来，自己到家就把作业做完。

高潮东：捆一次就这么管事？

红方观众D：对，她一生我只打过她两次，还不是真的打，她上的北航，研究生，现在在北京工作，她很听话。

高潮东："狼爸"的家法少了一样东西，光有鸡毛掸子不行，应该再备一根绳子。

萧百佑：你还别说。

高潮东：这就更管用了。

萧百佑：清宫里面皇帝教太子，就有捆绑，圈禁。

高潮东：我觉得可以简单地总结他的教育方式叫作强权教育，那这种强权教育，为什么在中国一定范围之内，还是能行得通的？几位能不能给分析一下。

萧百佑：补充一下，真的不叫强权教育，我们叫严格教育。

朱海南：因为现在的孩子本身自律性就不强，加上又是独生子女，通过这种方式能让孩子有一定的规范性，肯定会有市场。很多家长忙于自己的事，疏于管理孩子，用这种强权式的方法，能让孩子的规矩、道德得到改善，这是没有问题的。

高潮东：储老师觉得呢？

储朝晖：事实上他这种教育方式，是有中国历史基础的。

高潮东：棍棒出孝子嘛。

储朝晖：所以它现在还有一些市场，但这样的教育方式是不是真正符合教育的内在规律？我觉得现在很多家长依然是茫然的，教育应该更看中成长，而不是成功。

高潮东：对。

储朝晖：比方讲考试分数，这次考到 100 分了，算成功了，但是作为教育更应该看中这个孩子是不是在健全地成长。

一句话总结：

萧百佑：以爱的名义，全面回归传统，以严格的方法教育好孩子。

石秀印：教育应该是心灵的沟通。

朱海南：没有唯一的教育，只有适合的教育。

储朝晖：爱孩子，就让孩子做主人。

赵丽琴：教育是一门科学，也是一门艺术。

本期编导：老 程

5. 拯救男孩

□ 2012 年 10 月 31 日

男孩在"狼群"里成长更快。
男子汉气概是身心合一的产物。

扫一扫 看本期节目视频

内容提示：今年 3 月，上海市第八中学宣布成立男子高中实验班，称这样有利于培养学生的男子汉气概。一石激起千层浪，有网友质疑，隔离性别的教育模式能起到多大作用？圈养男孩，是否会引发交际困难？但是原本只有 60 个招生名额的实验班，报名人数却超过了 200 人，而不少家人坦言，送孩子来男校的另外一个原因是想避免早恋。差异化的教育，似乎成为家长们教育选择的潮流，其实不仅在校园，整个社会如今都对阴盛阳衰的现象多有讨论，中国男孩是否真的缺乏男子气概。

本期主持人：

闾丘露薇

本期嘉宾：

谢　湘　中国青年报社原副社长

杜昶旭　北京新东方学校国外部教师

李文道　首都师范大学教育学院副教授

王　颖　心理咨询专家

王南宇　《美国军校的中国男孩》作者孔一诺的母亲

宋怀烈　中国教育科学院家庭教育顾问

嘉宾选择：

红方：中国的男生并没有缺乏男子气概

　　　　谢湘、王颖、杜昶旭

蓝方：中国的男生确实缺乏男子气概

　　　　李文道、王南宇、宋怀烈

白方：中立

闾丘露薇：现场的观众们怎么看待这个问题？

蓝方观众 A：现在男孩子就是娇生惯养，没有历练。

红方观众 B：我是一个 6 岁男孩的父亲，其实男孩的本性还是在，只是因为可能受妈妈的教育比较多。

闾丘露薇：王颖，我觉得你应该蛮认同这位嘉宾的。

王颖：对对对，因为我觉得孩子一般都是跟妈妈一起长大，他会习得妈妈的一些沟通方式，在妈妈和爸爸的沟通中，一般爸爸是比较谦让妈妈的，那么他在和同学的沟通过程中也会比较谦让，看起来就好像比女生弱。但我不太认同那代表缺乏男子气概，可能在应激事件中，男人本性还是能够脱颖而出的。再有，我觉得社会对女孩子的宽泛程度比较大，所以我们很赞成女孩子有点男子气，说明她很坚定、很勇敢。

闾丘露薇：请教一下谢湘女士，您心目当中男子汉气概包括哪些？

谢湘：第一，有抱负；第二，勇敢、坚毅、担当。

闾丘露薇：您选择红方是觉得中国男生并不缺乏这些？

谢湘：我觉得从基因的角度来讲不会有什么变化，是后天的环境使人出现了差异，当然，教育环境也是原因。现在都是独生子女，爸爸妈妈、爷爷奶奶给孩子过多的呵护；学校因为爱护孩子，不许游泳，不许打球，不许出校门。官场文化如此盛行，大家都想往上的时候，他敢说真话吗？

杜昶旭：我觉得情况没那么严重，至少在遇到问题的时候，解决能力还是有的，而且这个能力在提高，只是方式发生了变化，不能够认为方式的变化就是男子汉气概的缺失。

闾丘露薇：李先生，您怎么认为？

李文道：我当然承认男孩危机，我认为定义一个男子汉既要看生理也要看心理。我特别强调，头脑要发达，身体也要发达，

中国青年报社原副社长　谢湘

男子汉气概是一个身心合一的产物，当然男子汉气概不等于大男子主义，它的精神应该与时俱进。20年前，各种社会条件比现在差多了，但是中国男孩的体质其实是在持续下降的。

闾丘露薇：女生的体质是不是也在持续下降？

李文道：当然是，但是男孩的话，问题就凸显出来了。

闾丘露薇：就是我们传统上对男性的要求更高，所以会更明显。

李文道：比如说现在特别重视圈养，而不是放养，所以好多男子汉没有担当。

宋怀烈：我也认为孩子有问题，男孩的成长环境发生了巨大变化，他没有时间去为自己做主，他所有的时间都被成人利用了，孩子失去了自己选择的自由，更没有行动的自由。没有兄弟姐妹，他所有的活动都变得安全第一，父母为了孩子安全，不让他碰这碰那，那么他所有的环境都是虚伪的，孩子不接触真实的社会非常可怕。

闾丘露薇：举个例子，在香港有童子军，童子军里面男女之间训练的方式或参与的活动有非常明显的区别，女孩都是绑安全绳和做饼干，男孩子要掌握很多野外求生的技能。

宋怀烈：其实从男女的分工来说，男孩的训练一定是男孩和男孩之间进行，现在哪有男孩和男孩在一起玩的机会呀？父母允许吗？所以不是孩子有问题，是孩子的父母有问题。

闾丘露薇：王妈妈的孩子在军校，您正好可以讲讲美国的军校，一听好像就是男孩子才去军校的。

王南宇：对，这么多年了，很多家长都在问我为什么选择了一所军校让孩子去，我跟他父亲有一段对话，我问他孩子在"狼群"里成长得快还是在"羊群"里，我们一致认为在"狼群"里，于是我们就把他们送到了遥远的美国的"狼群"。我40岁才生他，我经常告诫自己，这是一次高风险投资，很容易在某一个人生的

心理咨询专家 王颖

十字路口一不小心就可能把孩子丢了，但是我万万没有想到，到这个学校三年以后，他自己写了一本书叫《美国军校的中国男孩》，明显地看出来他成长了。很多家长老问我品德教育怎么个教法，我就说"劳动中建立的"，一定要孩子参与劳动。

　　闾丘露薇：其实教女孩也是一样的，女孩也要在劳动中学习。

　　闾丘露薇：网上调查有差不多 36% 的网友认为中国男孩女性化、变娘了。

　　王颖：过去我们可能认为爱美或者追求服饰是女人的权利，但现在社会我是认同男人爱美的，他们保护皮肤，穿得更符合这个年代，我觉得不是问题。学校的公共安全确确实实有一些瑕疵，但是我不认为今天我们把他弄成"野兽"，明天回到"羊群"中他就能够特别舒服。不同的未来要教育成不同的男孩子，很多人将来去写作，去做 IT，他不需要有那么多的张狂。

闾丘露薇：就是说用外表娘不娘去判断男孩子是不是出现问题可能过于简单化，对不对？

谢湘：我还是认为可能成长环境中，某些应该强化的先天因素没有得到提升。女孩子的语言能力本来就比较强，就给人一种张牙舞爪、咄咄逼人的印象，男孩子恰恰是内向的、腼腆的、不好意思的，其实现在女生学习成绩比男生好是一个国际性的、普遍的现象。

杜昶旭：实际上在美国男校女校的历史是比较长的，很多很著名的人尤其是总统夫人都是从女校出来的，比如里根的夫人、克林顿的夫人。但是近年来，美国的混校的比例实际上是在提高的，20世纪90年代还是个位数，到现在已经有500多所了，所以社会的发展已经造成了社会对于人的需求的不同。

闾丘露薇：我们调查过，在英国，这些年的考试结果在所有科目上几乎都是女生比男生好；在澳大利亚，被开除的基本都是男生；在美国，年轻的女性比男生更愿意读大学。因为这样就有很多人建议，男女是不是可以错开年龄上学，这点李先生怎么看。

李文道：男孩的生理发育和心理发育比女孩晚，所以我们建议男孩晚入学一点的话，可能对男孩以后的教育是一个好的选择，这当然是群体角度。

宋怀烈：我个人认为没有用，每一个孩子都是独立的个体，实际上他是生活在自己的家庭里，他的父母决定了他的状态，父母的素质决定了带孩子的水平。我们强迫一个孩子非得什么时间去上学，实际上是剥夺了孩子自己选择的自由，这个实际上是不正常的，我们现在看到很多优秀的孩子提前几年上学，那不都是家里带出来的好孩子吗！

闾丘露薇：问一下王妈妈，你把孩子送到军校住宿是几岁？

王南宇：十六岁。

闾丘露薇：您觉得您之前的家庭教育让您足够放心了？

王南宇：对，高中走读了一段时间，可能情况不是特别好，就想让他换一个环境。这个学校好就好在是孩子对孩子进行管理，所以他自己在争取变成一个管理者，不停地上进。其实"文革"前北京城区里头最好的学校都是男女分校的，四中以前叫男四中，八中以前叫男八中。

> 资料：纵观世界男子学校可谓人才辈出。英国著名男校伊顿公学素有绅士摇篮的声誉，曾培养出诗人雪莱，经济学家凯恩斯，也是英国威廉王子和哈里王子的母校。香港拔萃男书院成立于1869年，孙中山曾就读于此。在北京，三中、四中、八中前身都是男校，培养出来了李敖、老舍、蓝天野、马季等多位杰出人才。因性施教，是否真的有利于男孩成长？男校能否真正带来对男孩的教育提升？

第二次选择：

红方：男校是一个很好的解决的方法
　　　李文道、王南宇

蓝方：男校不是一个很好的解决的方法
　　　王颖、宋怀烈、杜昶旭

白方：中立
　　　谢湘

闾丘露薇：您为什么觉得男校是一个很好的解决方法？

李文道：拯救男孩应该因性施教，我觉得男校女校是一个很好的因性施教的方式。

王颖：我不太认为男校能解决问题，把孩子送到男校表明我们在防御，我们可能认为孩子是不够有男子汉气概的，这对孩子身心的影响是巨大的，他们会自卑。男校都是初中或者高中，初中恰恰是青春期，他对于异性有非常多的好奇，在这时候被扼杀对孩子的成长有极大的不利。

杜昶旭：我觉得按照男女某些学科分班的教育是可以的，但是不主张把他们完全隔离开。美国的绝大多数男校在运营过程当中，都会去选择某一个女校做联谊，他们也会担心可能会对小孩未来的心理发展造成一些影响。

闾丘露薇：宋先生。

宋怀烈：我觉得分校是解决不了问题的。我们现在研究的是男孩问题，不是男学生问题。那男孩是在家里啊，谁在带男孩呢？是妈妈，妈妈带男孩会有男子汉的方法吗？所以是我们的家庭环境破坏了男子汉的成长。

闾丘露薇：我的一些妈妈朋友们在抱怨，她们不知道怎么带男孩子，因为男孩子是需要爸爸陪他去踢球，需要爸爸陪他解决问题的。

宋怀烈：所以现在的问题恰恰就是父亲对孩子的成长太不重视了，他不知道带孩子玩多么有趣，这些东西实际上是一种享受，是一种快乐。所以我觉得这个问题需要家庭解决，而不是学校。比如说我孩子的成长，90%的功劳应该是妈妈的，妈妈的理念决定了孩子的结果，爸爸实际上就是限制妈妈做一些不对的事情就够了。

闾丘露薇：那爸爸也要花时间陪伴孩子。

宋怀烈：对，必需的。只有这样才能培养出男子汉，你要一个女人培养出一个男子汉，那女人一定是个畸形的女人嘛。

蓝方观众C：我上过一个学期的男女分校，初中时候要搞全运会的团体操，女生参加男生不参加的。那个学期，男生班的成绩还有课堂纪律非常、非常差，因为初中的时候男孩都要显示自己逆反，男生在一起就以调皮捣蛋、搞怪的方式来表现自己的独特性。

闾丘露薇：谢湘您为什么选择中立。

谢湘：培养男子汉气概，可能应该在更大的社会环境中来认识和解决这个问题。

王颖：我们发现很多女校出来最后成为精英的人，她们恰恰具有男子气概。

王南宇：原来我儿子去这个学校的时候，只有一个中国孩子，现在有 50 多个了。有一些还是有问题的孩子，有一个家长希望他的孙子到我儿子这个学校来学习，他说他孙子已经没有尊严了，这么一个孩子去了之后现在已经非常好了。所以关键是在你的教育理念，不在于你用什么样的方法，你灌输给他们什么样的内容，你要他们做什么样的人。

红方观众 D：我觉得最关键的是学校教育。因材施教嘛，你想让男孩子成为一种什么的人，你就选择什么样的教育方式。

电话联系孔一诺：

闾丘露薇：我们现在电话连线王妈妈的儿子，一诺，你好！

孔一诺：主持人好。

闾丘露薇：你小学和初中的时候，好像让妈妈有点不太放心，所以就把你扔到美国的军校去了，挺好奇的，刚刚去的时候就你一个中国人，面对的全是男孩，还都不是中国男孩，你当时什么心情？有没有害怕？

孔一诺：说不害怕那是假的，我在书里有写，刚到美国第一个星期连写三封家书，那是我人生当中第一次写信，每一封都表达了一个不同的变化。一开始骗我妈说一切都挺好，结果到后面用越来越多的借口希望引起我妈的重视，让我离开这里，结果我母亲一封信都没有回我，甚至她都没有理我。

闾丘露薇：你妈妈刚才举例说，在美国的学校里打架跟国内不太一样是吧？

孔一诺：对，国内学校把打架界定为一个坏的事情，当然我也并不推崇用暴力去解决一些争执，但是至少在我们军校里面，打架被认为是一个很正常的事。说实话，有的时候没有那么多的道理可讲，就需要用一个最原始的方法来解决争执，但是区别在于国内打架可能会记仇，但是在美国就不一样，我跟我打过架的这个同学反而成为非常好的朋友。他们会特别崇拜这种强者，甚至于特别喜欢这种敢于去面对、敢于去拼搏的人。

闾丘露薇：有一些人担心男校反而会培养出一些娘娘腔的人，你们学校娘娘腔的人多不多？

孔一诺：说实话我们学校没有什么娘娘腔的人，这就要看学校以什么方法来避免这个情况，并不是说有女孩子男人就不变成娘娘腔。

闾丘露薇：因为你高中的时候是军校，进了大学有区别吗？

孔一诺：没有什么区别。

闾丘露薇：那你中学的时候有机会谈恋爱吗？

孔一诺：有啊。

闾丘露薇：你妈妈知道吗？

孔一诺：知道，我什么事情都跟我妈说，我母亲的教育方式就特别好。我母亲一直跟我说的一句话就是："只要你可以跟母亲说的事情，那一定都是正确的事情，但是如果你自己都觉得不能跟母亲说的事，那就一定是错的。"

闾丘露薇：你眼中的这些弟弟们，你是不是觉得真的有很多男孩危机存在？

孔一诺：或多或少会有的，至少我觉得现在国内很多男孩子，对于男人应该有的责任感和敢于面对担当的东西是非常缺失的。

闾丘露薇：好了，谢谢一诺。其实您的意思也是说教育应该多样化，要根据每个孩子的特性才行。网上投票，大多数网友也不赞同男女分校。在英国，男孩的父母会让他们去爬山、游泳；在澳大利亚冬天，父母让孩子在室外穿很少的衣服……这些都是父母应该要做的，学校是没这个权利的。我忽然觉得女生崇拜什么样的男性，也决定了男性是什么样子，如果中国的女性都崇拜听话的、有钱的，那这个问题是不是没有办法解决了？

蓝方观众E：如果照着您这个观点，崇拜的社会标准和价值标准是这种情况，那我认为这个国家和民族就完蛋了。

王颖：我不认为一诺的军校是男校，它很像一个当兵的过程。在这个地方你的博弈、你的力量被赞誉。如果到了中国的男校，我认为它还是学习占主流，同学之间竞争的不是博弈，不是阳刚之气，而是学习，是听话，是守秩序，所以它没有意义。我觉得其实男校也应该办，办男孩的家长学校，家长如何培养儿子，这个才是最重要的。

一句话总结：

王南宇：儿子们加油。

李文道：拯救男孩，因性施教。

谢湘：解放男孩，创造适宜男孩成长的环境。

王颖：男子气概不仅要拥有强壮的肌肉，更要拥有强大的内心。

宋怀烈：让孩子重获成长的自由。

杜昶旭：心智的强大比单纯的身体强大更有价值。

本期编导：赵　勃

6. 拯救校园心病

☐ 2013 年 5 月 23 日

现在年轻人性早熟但不成熟，心里没有经受过挫折。

扫一扫 看本期节目视频

内容提示：从 1995 年清华大学铊投毒事件，到 2004 年马加爵案，再到 2013 年 4 月复旦大学寝室饮水机投毒案。近年来校园投毒以及同学间的暴力事件屡屡发生，这一系列校园惨案震惊社会，也令人唏嘘不已。到底有什么深仇大恨，让一个高学历的精英向自己的室友下毒手？在大家纷纷质疑教育缺失的时候，来自社会的压力和普遍价值观的移位也在侵蚀着校园内的青年。当人们互相调侃感谢室友不杀之恩时，我们也在思考，这么多发生在年轻学子间的惨剧，病源究竟来自哪里？是青年们普遍心理不成熟吗？

本期主持人：

闾丘露薇

本期嘉宾：

毕金仪　国家级心理咨询师

石毓智　新加坡国立大学 社会科学院副教授

张　捷　《环球财经》副总编 时事评论员

武伯欣　中国人民公安大学 犯罪心理学教授

嘉宾选择:

红方:当代青年人心里普遍不成熟

　　　张捷、武伯欣

蓝方:当代青年人心里普遍成熟

　　　毕金仪、石毓智

白方:中立

闾丘露薇:你们为什么觉得当代年轻人心理还不够成熟?

武伯欣:现在的年轻人是性早熟不是心理成熟,他们普遍没有受过挫折,所以做出各种各样的违法犯罪行为。

国家级心理咨询师 毕金仪

闾丘露薇：这是不是一个全球性的问题？

张捷：说他们不成熟是跟老一辈比，主要有三个方面。第一，年轻人普遍没有面对过生死；第二，是否受过欺负；第三，中国现在很多家庭都是一个孩子，社交减少以后，都变成了网络。

闾丘露薇：您觉得他们是过于成熟了，为什么呢？

毕金仪：我想他们是未老先衰。

闾丘露薇：理由？

毕金仪：其实我想说得更夸张一点，中国现在的小孩没有机会做小孩，从能听懂人话就直接就变成老头、老太太了。因为中国的父母很喜欢把自己未尽的欲望投射到孩子身上，认为孩子有这个义务来成全自己，孩子也一直被念这样的经，觉得自己该去完成父母甚至更往上一辈的各种各样的愿望，这个现象是我们国家特有的。

石毓智：我还在读小学的外甥就知道，一个学生座位好，可以当班干部，背后或多或少有猫腻。现在的年轻人懂得太多了，过于成熟，有些年轻朋友才 20 几岁，他都觉得自己看破红尘了，觉得一切东西都无所谓。我觉得这大概是高校恶性事件的一个重要原因。

红方观众 A：老师说是看破红尘，我倒认为是自以为成熟，但实际上并不成熟。成熟应该是不自私，懂得与人相处，能够接受挫折，能够受得了气。

闾丘露薇：这是一个平稳的社会环境，没有受过气是个必然条件吗？在这样的环境之下，就会变得不成熟吗？

红方观众 A：外来的因素可能是一方面吧，我觉得自己、家庭也是一方面。有的孩子找工作、考试遇到困难，这也是一种挫折，并不是非要发生什么战乱才叫挫折。

闾丘露薇：那现在的国内环境呢？你觉得这种挫折存在吗？

现在他网络替代了你的社交需求

《环球财经》副总编、时事评论员 张捷

红方观众 A：存在。

闾丘露薇：多不多？

红方观众 A：也多。

闾丘露薇：现在年轻人要面对很多求学、就业的压力，我们身处这样一个社会，也明白年轻人有这样一个生活环境，但我们在教育的过程中，只注重了知识的给予，没有教会他们怎样去应对可能要遇到的问题。

张捷：年轻人本身也是有问题的，因为像一些社会阴暗面的潜规则不是从教育系统来的，他是自己从社会学来的。社会可以是一个非常好的老师，也可以是非常坏的老师。

石毓智：这都是大环境改变引起的，我那个时代读书的人都有个美好的未来，工作是国家保证的。现在千军万马都在考公务员，那个时候的社会给每个大学生一个希望，在那样的环境下，很少有学生走向极端。现在这个社会有很多不是凭能力找工作，而是

这一系列案件确实能看出来

中国人民公安大学犯罪心理学 武伯欣

凭关系，所以很多学生凭自己的才能看不到一个未来，这大概也是造成这种现象的原因。

武伯欣：现在社会的媒体比过去开放了，所以学生们模仿的对象太多了，包括违法犯罪。我们经常讲过去的教育环境是净土，现在都是污染过的院校，青少年到污染的地方学习怎么也不能健康地成熟。

闾丘露薇：1994年到现在媒体比较广泛传播的大学校园发生的案件，最开始就是1994年清华女生的铊中毒案，然后1997年的时候，北京大学又出现了一宗铊中毒，2004年的时候，马加爵杀害了4名同学，2007年的时候，矿业大学发生过投毒案，2012年的12月，安徽医科大学图书馆也发生了命案……请问一下武先生，你觉得这个只是一个个案呢，还是这种犯罪模式有增加的趋势？

武伯欣：应该说有示范效益，我觉得最近二三十年犯罪增多是一种全球趋势，中国也不例外，特别是中国独有的独生子女问题，加上改革的剧变，包括社会变迁的剧变。有些人是自卑感导致犯罪，尤其是农村的或者家境不好的，尤其在大学。马加爵就是典型的农村孩子，包括复旦这个，都是由于攀比心理。这个问题短时间内不会有根本性的好转，独生子女高峰必须要先过去，也就是说总人口降到 10 亿以下，这个问题有可能好转。

张捷：在中国有两个词比较横行，一个"愤青"，一个"屌丝"，这是其他国家没有的现象。它代表了两种群体，他们的心态是什么？是迅速地致富。为什么叫愤青呢？他对整个社会非常愤怒，他没法改变现状，他只有愤怒。为什么叫屌丝呢？他觉得他已经看不到努力的希望了，充满了抱怨，比如买不着房子，年轻人就特别有意见，女孩又一定要嫁有房子的人……这都是很急功近利的心态。

闾丘露薇：您觉得这是大学校园里面的学生心态？

张捷：在大学校园里，这种现象挺普遍的。

闾丘露薇：我回想一下，我 20 世纪 80 年代读大学，90 年代初毕业，那时候其实也是有压力的，只不过年代不同，大家要求也不一样而已。

张捷：但是那时候有很多希望。我们上大学的时候就是奔出国，只要能出国三大件基本不叫问题。还有一个差别，当年能上大学的人口占中国同龄人口的百分之三都不到，现在是百分之七十几。

闾丘露薇：20 世纪 90 年代初的校园跟现在完全不一样，但是那个时候也发生了这样的案件，到底这一系列的案件是心理不成熟的表现还是什么？

武伯欣：凡是 20 几岁以下的投毒行为都具有模仿性，只有心理不成熟的人才会模仿，有些投完毒以后还主动去自首。

闾丘露薇：看到那么多的报道出来，同学们会担心自己在宿舍的安全问题吗？

红方观众B：我大学的宿舍是六人间，晚上都是该熄灯就熄灯，关了电脑就自己干自己的事，绝对不会影响大家，至于打水之类的问题，我觉得不是什么大事情，谁有空就去打。

闾丘露薇：听听有矛盾的宿舍讲讲。

红方观众C：有些女孩子可能打电话打得很晚，也可能洗澡洗衣服互相之间都会有摩擦，但是我们宿舍的人都很纯朴，大家都知道互相谦让，所以相安无事走过这么多年，甚至毕业以后，我们的感情都还是很好，我觉得这个就是另外一种意义上的成熟。

资料：价值观动荡，生活压力剧增，多元社会的焦虑，让心理疾病已经严重危害人们的健康。据调查显示，全国20.3%的受访大学生有心理问题。实际数据可能更高，"郁闷"、"变态"等词语席卷着校园。因琐碎小事发生的校园惨案，屡屡皆是，跳楼、自杀、投毒竟成为各大高校的热点名词。当我们注重知识授予时，学子们的内心又承受了怎样的压力？这种近在咫尺的冷漠，和对生命的蔑视，仅是教育所能拯救的吗？

闾丘露薇：有个数据是调查了12所高校之后得出的，数万名大学生，只有4成的大学生对寝室关系表示满意。

张捷：实际上我认为在大学里寝室磨合很重要，当时我在合肥读书的时候，冬天下雪很冷，我要关窗户睡觉，但是有的学生关了窗户睡不着，那就跟他商量，你关一天，我开一天，实际上所有事情都是一样的，可以商量的。在大学里，宿舍集体生活对于心智的成熟有很好的促进作用，尤其是对于今天的独生子女。

新加坡国立大学社会科学院副教授 石毓智

毕金仪：我认为对大部分的人来说不是一个太大的问题，我问过我女儿和她的同学，他们都不认为那是个问题，相反，认为没有机会跟其他的孩子抢一张床、一个脸盆，是一个很大的缺失。

张捷：也有另外的问题，都是同性一起住，挤在小空间里面，所以同性恋的比例也在大幅度上升。

石毓智：像美国小孩从小都是一个人一个房间，大学也是一个人一个房间，毕业之后，他们的合作精神远远高于我们集体宿舍出来的学生。

闾丘露薇：香港的大学让内地学生做 group project 的时候，他们都是轮流做的，不会一起做，但是我觉得不能怪他们，在整个四年里也没人教过他们。

石毓智：还有一个现象，大家一个宿舍容易互相攀比，生活上、名利上，这才是滋生矛盾的重要原因。

武伯欣：石老师说的问题恰恰反映出了咱们国家的独生子女政策带来的独生子女心理问题。

毕金仪：其实这是整个家庭给孩子的影响，它跟是不是独生子女关系不太大。什么样的爹妈就有什么样的孩子，不要对孩子有盲目的奢望，因为家长的榜样作用一直在潜移默化，每分每秒地影响他。

石毓智：对。我想这也是一个文化的问题，华人父母往往要把自己的荣耀、成功传给孩子，所以从小给孩子灌输的就是摆谱、拉风。

闾丘露薇：调查显示，其实全球有百分之二十的青少年都有精神疾病。

毕金仪：一个亿，十三个人就有一个精神异常。

闾丘露薇：现在很多犯罪行为是因为有心理障碍吗？

毕金仪：会去用伤害别人的方式来疏解自己压力的人，他们多半在归因上跟我们不大一样。一种叫作内归因，这种人倾向于发生的事情都赖自己；另外的一种人是外归因，就是点背都赖社会，反正所有事情都是社会造成的，他觉得全世界都对不起他。

石毓智：刚才毕老师讲一个亿的人有心理疾病，这还是个标准问题，假如有一个亿的话，我觉得它已经不是疾病了，而是个社会现象。比如竞争，几千年来，小孩没有从小树立一个公平竞争的意识，往往我们华人都在恶性竞争，这个竞争来自于方方面面。有一个案例，我父亲的一个同事，他女儿是哑巴，但是长得非常漂亮，在工厂里做工，有一天回来满脸是血，被玻璃划的，一查，原来是其他职工嫉妒她漂亮。诸如此类的现象发生得非常非常多，我估计今天有心理疾病的不止一个亿，而是在一半以上。

闾丘露薇：我们来讨论一下人格的两面性，它是属于一种心理特征，还是说是罪犯的心理特征？还是说他会或多或少存在我们每个人的身上？

武伯欣：双重人格的人比较少。

　　闾丘露薇：从心理特点来说，它是不是或多或少都在我们身上体现？

　　毕金仪：我给大家举个例子，实际上我们每个人都是有很多重人格的，我们有主人格和子人格，在特殊的情况下，被隐藏的人格——子人格会爆发出来。中国父母在教育孩子的时候，有很多对孩子的要求是非常分裂的，比如妈妈说让你干什么就干什么，不许顶嘴，但是没有一个父母会跟孩子说，如果有人打你，你可别跟他顶嘴。我们都希望孩子在外面非常强悍，但是回来又变得非常服从，这个是很分裂的。

　　闾丘露薇：所以各位要有更高的精神追求和道德追求，才不会在失控的状态下做出一些后悔的事情。

一句话总结：

武伯欣：越来越好。

石毓智：You are special，关爱自己，珍惜自己，关爱他人。

张捷：但凭良心，莫问前程。

毕金仪：与人方便，自己方便。

本期编导：王梦妮

7. 孩子之殇

□ **2013 年 7 月 29 日**

自己都不爱自己的孩子，那谁去爱呢？

扫一扫 看本期节目视频

内容提示：2013 年 6 月 21 日，南京两名年纪 4 岁以下的女童被发现饿死在家中。事发时，两名孩子的父亲因涉毒正在服刑，她们的母亲也有吸毒史，并且已经失踪多日。就在此事发生后不久，网络上曝光了一组小女孩赤身躺在南京马路边抽烟乞讨的照片，她的父亲就在身旁。而与此同时，短短的两天时间里，全国又发生了 3 起因监护人照顾不周，年纪在 7 岁以下的幼童不幸坠楼身亡的事件。

这一系列悲剧引起了人们对监护人制度的反思，父母作为孩子监护人应该负有哪些职责？失职父母的监护资格如何撤销？撤销后又该怎么办？导致孩子安全问题频频发生，监护人和社会到底应该谁来负责任？

本期主持人：

闾丘露薇

本期嘉宾：

王振耀　北京师范大学公益研究院院长

皮艺军　中国政法大学教授

张文娟　北京青少年法律援助与研究中心副主任

张　荆　北京工业大学人文社会学院教授

黄溢智　北京瑞风律师事务所律师

嘉宾选择：

红方：孩子的安全应该是监护人的问题

张荆

蓝方：孩子的安全应该是社会的问题

王振耀、皮艺军

白方：中立

黄溢智、张文娟

闾丘露薇：当儿童出现安全问题的时候，到底应该谁来负责任，是监护人还是社会？

红方观众A：我觉得主要是家庭，孩子那么小，家长不在家也应该请保姆或者什么。

闾丘露薇：那如果是外来打工的人，自己开饭都搞不定的，怎么请人照顾孩子。

红方观众A：那你连自己孩子都照顾不了，你还赚钱干什么。

闾丘露薇：这倒也是，但有的幼儿园不收外地孩子啊。

红方观众A：一个人去打工，一个人留在家里看孩子。

红方观众B：我认为无论制定多少社会方案，责任最终还是落实在监护人身上。

蓝方观众C：相比家庭监护，我觉得社会的责任更大一些，但是我觉得整个社会对于儿童的关注，对于儿童安全的保护措施，都不是很充分。

张荆：家庭应该是儿童的第一监护人，这是毫无疑问的，家长特别是父母，是孩子的第一任老师，这也是不容争辩的，所以这些案件家庭要承担重要的责任。我记得我到英国见习的时候，住在一个朋友家里，隔壁有对泰国夫妇，他们四五点钟把孩子从学校接回来以后就反锁门去打工，这个事情被邻居告诉了警察，警察就把他们抓走训诫。家长是孩子第一监护人，必须对孩子负责，应该跟孩子在一起，说明家庭在监护中的重要作用，世界各国都认为家庭是第一监护人，是最重要的监护主体。

皮艺军：每个家庭的幸福都是一样的，但是每个家庭的不幸福和痛苦是不一样的，不能只强调一个，高学历家长和低学历家长之间肯定是有差别的。如果社会有一种文化，这种文化是对于孩子的不关心或者忽视，比如说尊老爱幼是不对等的，尊老是绝对的，爱幼是可有可无的。

闾丘露薇：所以现在出了法律说要定期回家看老人，出了那么多的悲剧之后，还没看到有对于未成年人的保护，到底有没有一些具体的措施？

皮艺军：像那种把孩子扔在家里被人举报的情况，在我们国家是没有的，可是在西方社会很常见，这种文化的差异导致了社会在制度上有一种偏差。当然这种制度偏差，首先反映在法律保护上，而且这种差距跟国际社会相差非常遥远，所以我认为主要还是社会的责任。

王振耀：我过去是管儿童福利的，我当过这个司的司长，我知道一个偌大的中国，做孤残儿童工作的人员不如纽约一个市的人多，中国几百个儿童福利院的工作人员加起来才一万出头，所以这不是一个大社会责任。

张文娟：我认为用"家庭"甚至"社会"这个词都有点怪，"社会"是一个很大的家庭和政府，所以我觉得这是一体两面。中国是《联合国儿童权利公约》的缔约国，它确定了非常清晰的框架，18至20条规定"父母是承担首要职责，政府提供必要的支持"。可是我们往往只是在六一儿童节领导的讲话中才能听到，"儿童既属于家庭也属于国家，他是我们民族的未来"。可是制度是不清晰的，尤其在家庭保护这一块儿，所以我们首先要树立起来一个观念：孩子确实不仅仅是家庭的，也是国家的。

黄溢智：我认为国家不光指政府，也包含了行政机关、立法机关，还有司法机关。立法机关是非常重要的，像刚才说缺乏很多制度就是立法不完善，虽然它很概括地规定了父母有监护责任，但是它只规定了人身财产，具体怎样没规定，监护资格也没说。

闾丘露薇：我知道南京事件之后，你们是去申请……

黄溢智：政府信息公开。

闾丘露薇：当时他们怎样答复？

黄溢智：其实公安对南京事件特别疏忽，也没有任何照顾，案件中公安是有去的，我们想知道他们有没有进一步根据法律撤销监护人资格，因为这个监护人实在太不称职了。

闾丘露薇：那他们有没有做这样的尝试？

黄溢智：他们答复说："根据你们的申请，我们无法提供你们所需要的信息。"

张文娟：政府担心本来就有很多父母不想养孩子，要给撤了，那么好多父母都不想做了。在很多研讨会也听到很多人都说，如果父母真的不想要孩子，为什么非要让他养呢，这不是害了孩子吗，为什么政府不承担这个责任呢？

张荆：为什么说家庭问题很重要呢？离婚率已经连续九年持续上升。2012年年底，北师大调查结果显示父母离异不抚养孩子

中国政法大学教授 皮艺军

的家庭是 57 万，这数字相当庞大，造成这样的情况就是由于社会大变革带来的家庭不稳定。而且家庭的功能在弱化，这个时候一味强调社会责任，不考虑家庭是不对的，所以我一直说中国的家庭病了。

皮艺军：大面积出现家庭病的时候，根子肯定在社会，社会病了以后，父母是没办法抵制或者克服社会动荡所带来的弊端，不能强迫所有的父母。列宁说过，"爱孩子是母鸡都会做的事情"，要是真不爱，问题就大了。我们现在之所以有强迫，可能是因为我们没有福利系统的支持，这时候就要求法律来完善，我觉得这种完善是一个制度上的改变。

王振耀：其实我发现好多家庭都有这问题，它确实承担不了，很多父母有时候是相当无奈的。我们当时处理孤儿的时候，就出现三类情况，一是孩子有母亲，但是农村的风俗是爹死娘嫁，不准带孩子；第二是父母双残；第三是父母都在监狱里。这类问题法律没有详细的规定，所以操作起来很困难，很多部门也是很无奈。

闾丘露薇：十多万的网友投票觉得政府部门应该要为这两个幼儿的死亡负责，有一个网友说，"别指着国家做点事，主要还是父母的责任，自己都不爱自己的孩子，那谁去爱呢？"到底是儿童利益为先还是说儿童只是家庭的一个财产？这可能就是我们立法上的问题。

　　资料：《中华人民共和国未成年人保护法》第五十三条规定：父母或者其他监护人不履行监护职责，或者侵害被监护的未成年人的合法权益，人民法院可以撤销其监护人的资格。

　　《中华人民共和国未成年人保护法》第六十二条规定：父母或者其他监护人不依法履行监护职责，或者侵害未成年人合法权益的，由其所在单位或者居民委员会、村民委员会予以劝诫、制止。

　　在包括以美国在内的许多国家的《儿童保护法》中，都对监护人有着严格的规定，如果父母达不到为孩子提供良好生活环境的要求，将会被剥夺监护权。

　　相比于国外的《儿童保护法》，我国现行的《未成年人保护法》是否能够切实维护孩子们的利益？我国的《未成年人保护法》对监护人的监管力度又是否适宜？

第二次选择：

红方：我国的《未成年人保护法》对监护人的监管力度尚可
　　　皮艺军、王振耀、张文娟、黄溢智

蓝方：我国的《未成年人保护法》对监护人的监管力度过轻

白方：中立

张荆

皮艺军：刚才谈到了《未保法》，《未保法》从制定到颁布始终是处于一种倡导性，这个倡导性特别符合政府对于孩子的态度，每一个官员都在说孩子是祖国的明天，其实我们真正应该关心的是孩子现在的权益。

闾丘露薇：我想请教一个问题，中国的法律都有个特点，就是比较宏观，但是很多时候有一些细则，《未保法》到现在都还没有细则。

皮艺军：在国外，从法律本身来说，孩子没人保护是零度容忍的，零度容忍就能够让全体公民参与。我们现在没有一个国家一级管理青少年事务的机构，《未保法》规定的是工青妇，妇联管的是妇女和学龄前的孩子。世界上大多数国家只要是重视少年保护的都有一个国家一级的机构，德国有一个青年局，智利有，香港也有。智利的青少年保护中心的主任是由总统直接任命的。

王振耀：其实大家可能不知道，取消了监护人谁来接任啊。

闾丘露薇：是有第一第二监护人顺序的，基本上都是亲属关系之内的。

王振耀：监护人的接续没有一个好的支持系统，把需要监护的孩子送到民政，民政有这样的专业人员吗？送到儿童福利院，福利院连自己的孤残儿童都照顾不过来，人也没受过这种专业训练。怎么办呢？民政和公安最后商量出的办法就是把孩子送还到他原来那个家庭。

闾丘露薇：孩子接受义务教育是权利，但如果父母违反了义务教育，好像也没有什么惩罚，就是教育教育，在国外这就是一个违法行为，要吃官司的。

王振耀：国外规定得非常具体，现在应该调查的是哪个国家没有儿童福利局或者没有儿童的政府机构，咱们国家就没有。咱们国家协调更有意思，比如说啊，一听"国务院妇女儿童工作委员会"的名字就很大，但一看，办公设在哪？妇联。

张文娟：民政相当有限的资源不能形成合力，往往站在部门利益的角度让政策不能形成理顺的机制，如果资源的投入没有监督机制的配合，那是不可能发挥作用的，尤其是家庭保护这一块儿。我觉得民政是一个很主要的载体，但是一旦出现问题应该把流程建立起来，比如说应该先举报给谁，民政整合好了之后，应该有一个儿童福利热线。毕竟父母违法了，民政没有权力去处罚，那我觉得公安也可以，民政的职责是安置那个孩子，但不能只是放在那儿不管，那样肯定是要出悲剧的。所以这一段时间我们也在呼吁，应该建立儿童重大伤亡的问责制度，这样社会才能重视，如果只从民众强化普通家庭的责任，这个社会意识树立不起来，我觉得应该先树立主管领导的责任意识。

黄溢智：我们刚才说立法有问题，政府也有问题，我们也提过很多建议，但是好像没有效果，这个事情在我们看来是非常非常紧急的，可是国家层面好像没有特别大的动静。我在想我们是不是可以从公民社会的层面做一些事情，比如说一些NGO、社区组织建立一些支持体系，然后自下而上的去推动这个事情。

张文娟：现在应该有一些组织在做这个事情，比如说儿童希望、天使妈妈，但是如果政府这个平台搭建不起来，有时候民间的力量是纳不进去的。

皮艺军：不管是儿童救治，还是社会支援，政府管不了，又不许民间去管，这是到现在为止最大的一个问题，涉及外国资金就更麻烦了，其实这个事情是不需要国家投钱的，我们民间有那么多的闲置资金。

闾丘露薇：从立法的角度来说，家庭、政府部门明确职责，这可能是一个最根本的方法。

张荆：《中华人民共和国未成年保护法》是一部好法律，它有相当的辐射面，它的问题可能在于操作性不够强。第53条有规定，像天津这个事件，父母或者监护人没有能力监护被监护人的时候，向有关单位提出申请，请法院进行判决，可以剥夺监护人的监护权，但是在委托别人做监护人的时候，原来的父母或者监护人要支付金钱。

闾丘露薇：如果按照《未成年保护法》的规定，是不是说我可以告南京的哪个部门警方，它在一早就已经发现这个父母吸毒，没有了抚养能力的时候，没有采取行动，那它是不是要承担责任。

张荆：当然它应该承担责任。

皮艺军：《未保法》是一个原则性的，非常笼统，后来我问过人大那些领导，我说为什么不能够列得更细一点，这么粗俗的法律没办法操作，他们的意思是好像我们现在资源不够，如果把孩子的隐私权、知识产权这些方面笼统地规定，就没有办法操作，但是现在有一个好处就是各省都开始做细则，细到地方，就好办了。

闾丘露薇：比方说上海规定12岁以下的小朋友不可以独留家中。

张荆：这些人的孩子需要社会的帮助，街道居委会也有一定的了解，在这种情况下孩子被饿死，行政当然也有责任。

张文娟：你根据哪一条法律说哪一个部门应该承担责任？

闾丘露薇：公安肯定说不关我的事儿吧，民政部门也说不关我的事。

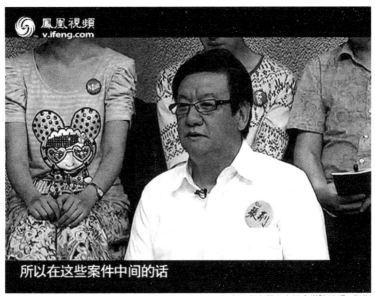

所以在这些案件中间的话

北京工业大学人文社会学院教授　张荆

张荆：找不到依据，但是行政追究是可以的。

闾丘露薇：那追究谁呢？

张荆：片警。

闾丘露薇：警察可以说他做过一些事情，他每个月都给了钱，然后每两个星期都有去探访，照道理说探访本来就不应该是警察做的事。

张荆：那我们就打个比喻，贵州毕节市的五个孩子在垃圾箱里熏死了，最后不也追究了行政的责任嘛。

王振耀：贵州之后，下一个是谁？结果出现了兰考，兰考之后再下一个是谁？还有下一个，下下一个，把13亿人都追究完了还存在问题。

张荆：作为政府只是一般的未成年保护，它也做了一些工作，但是对那些贫困或者有问题的儿童，实际上有时候政府是顾及不到的，完全靠行政和民政是不行的，那这种情况怎么办呢？就靠社会组织，包括可以利用宗教的力量来关爱这些儿童，这都需要社会的培育。

闾丘露薇：在没有一个架构出来之前，光是把责任推给社会组织可能还是有问题。

张荆：我们现在的问题是市场和政府失灵的时候，得有第三方力量来补充。

张文娟：我觉得现在是要政府建立这个机制，比如说发展寄养家庭。孩子在原来家庭有危险的时候，可以找寄养家庭来养，有的寄养家庭可以一分钱都不要，他们只想避免这个孩子发生悲剧，所以我觉得社会力量一定要参与，但是政府一定要把这个机制给建立起来。

闾丘露薇：要给社会团体一个准入的机制和法律上的许可。

张荆：家庭寄养应该是现代社会最好的一个方式，儿童福利院都不算很好的方式，它毕竟不是家庭，无法培养母爱、父爱或者子女之间的爱和在家庭中间健康成长的环境。所以现在很多国家开始缩小儿童福利院的范围，变成家庭寄养，家庭寄养要政府委托，政府给家庭一定的支柱，维系家庭赡养。

闾丘露薇：如果没有法律规定我还想到了一个问题，当然有点阴谋论，就是孩子的买卖问题，如果没有法律的监管，在中国就会出现一个非常混乱的状态，因为以前福利院出现过这样的问题，这是很恶的一件事情。

张荆：对，对于赡养的家庭应该有非常严格的审查，除了买卖以外，可能还有强奸等一些犯罪问题会出现，但是不能因为严格而担心每一个要赡养孩子的父母都别有用心。

皮艺军：我们现在寄养的是有残疾的孩子，这时候又出现问题了，像刚才闾丘说的，有些家长一次申请三四个，为什么？有福利补助，他是贫困家庭，用这种方式来牟利。

张文娟：我们那么多孩子辍学，没有人承担责任，也没有追究父母的责任，也没有追究政府的责任，有的孩子是自己不想去，有的是父母不让去。

闾丘露薇：网友还是比较关注监护人的制度，有一位网友说为什么明明知道两个孩子的母亲不适合担任监护人了，还不从法律上剥夺她的监护权，在中国，被剥夺监护权的案例非常少，几乎为零。

张文娟：案例非常非常少，刚才王司长也提到了，谁来提出诉讼是很重要的，法官也不敢撤，有的撤了之后，法官天天轮着陪孩子，这是很尴尬的。

闾丘露薇：这就跟警察收了乞讨的孩子之后，结果警察局天天照顾这些小朋友。因为从头就有一个问题，所以后面的所有后续都没有办法展开，说到底还得从头制定一个平台和框架，让后面的事情可以一步一步地顺利进行。

张荆：比如说现在把分布在大概20部法律中间的关于未成年保护的条款集中起来，做一个更大的法，使法律的框架更加合理。另外一个皮教授谈到的问题，我们应该有一个实体的机构，比如说少儿部来管理这个问题。

闾丘露薇：把这个司给独立出来。

张荆：这样谁来承担责任就很清楚了。

一句话总结：

张文娟：最有发展潜力的民族，应该是那些保护儿童的民族。不重视儿童保护就像自我阉割的可持续发展。

黄溢智：行动比意见更重要，我相信只有你去切实地行动，才能真正去改变。

皮艺军：儿童有了今天的幸福，才会有明天。

王振耀：我是盼《中国儿童福利法》早日立项出台。

张荆："儿童权益最大化"，这个是《联合国儿童权利公约》中的一个非常重要的原则。

本期编导：黄炜曦

第四章 时事热点

1. 拯救"微信"

□ 2011 年 11 月 11 日

警惕辟谣联盟成为网络警察。

扫一扫 看本期节目视频

　　内容提示：2011 年 7 月 29 日，腾讯微博上一个署名为郭瑶的认证用户引起了大家的关注，此用户发布微博称："我的一百天大的孩子，在温州 723 动车事故中不在了。"这个微博被转发数十万次，包括众多媒体从业人员在内的数百位微博认证用户，对郭瑶的微博进行了转发。很快，一个由网友自发组织的辟谣联盟站出来辟谣称遇难者名单上没有此人，孩子的照片以及婚纱照片，全是盗用别人空间里的，腾讯微博已经取消其认证。很多人都支持辟谣联盟这种微博民间打假组织。但是也有人认为，微博中这种民间组织，根本没有存在的必要。

本期主持人：

高潮东

本期嘉宾：

吴法天　辟谣联盟创始人之一

司马南　社会学者

兰　和　药家鑫之父代理律师

王甘霖　微博天下总编辑

袁诚惠　药家鑫之父代理律师

张　鸣　中国人民大学国际关系学院教授

倪方六　社会学者

嘉宾选择：

红方：支持辟谣联盟的成立

　　　吴法天、司马南、兰和

蓝方：不支持辟谣联盟的成立

　　　张鸣、倪方六

白方：中立

　　　王甘霖、袁诚惠

高潮东：我们到底要不要在微博上成立打假联盟？

吴法天：正确的观点不需要借助虚假的事实来传播。

兰和：网络无疆，言行有鉴。

袁诚惠：己所不欲勿施于人，网络环境的健康，需要我们每个人的自律和他律。

张鸣：网络本身就可以自净。

司马南：辟谣联盟是网上一支正义的力量，不造谣的人不必害怕它。

王甘霖：有存在的必要，但是能达到什么效果，我们现在还不知道。

倪方六：网络打假，政府应该更有作为。

高潮东：大家在网络上，看没看到过假信息的微博，受没受过骗？

蓝方观众A：看到过。

高潮东：被骗过吗？

蓝方观众A：没有。

高潮东：骗你很难是吗？

蓝方观众A：对。

高潮东：我们在网上做了一个"是否支持辟谣联盟"的调查，参与人数是1020人，支持辟谣联盟的人大概是762人，高达75%。在这，我们先请吴法天介绍一下，你这个辟谣联盟是怎么成立的？

吴法天：我们是7个网友自发的，我们这7个人有的是研究历史的，有的是研究法律的，有的是研究传媒的，有的是研究军事的……每个人在各自领域都听到很多谣言，都是辟谣控。我们想是不是可以大家联合起来，一起打假，一起辟谣，所以就成立了这么一个辟谣联盟。

高潮东：你认为非常需要是吧？

吴法天：对。

高潮东：你是不是在网络上看到了很多虚假信息？

吴法天：太多了。

王甘霖：我认为他们成立这个辟谣联盟，主观意义是好的。但是哪些消息是谣言，我认为还没有一个定论，你这个联盟说它是谣言，它就是谣言吗？

吴法天：辟谣联盟本身就是自净的重要一环，我们叫"网络的义务环保人士"。就像一个市场，市场里面有很多人在卖东西买东西，有各种各样管理的人、服务的人，我们看到地上有垃圾，就捡起来丢到垃圾箱里面，就做这么一个工作，不可以吗？为什么不去谴责丢垃圾的人，而去谴责捡垃圾的人？

张鸣：谣言是免不了的，不是说你成立了一个什么联盟，它就可以辟掉了，你辟不过来。

司马南：人家也没说，成立一个辟谣联盟就能够杜绝谣言。

张鸣：其实没有人怕你们。

司马南：成立辟谣联盟的作用，我觉得是一种自制。

张鸣：任何谣言都存活不了多长时间，我都看到过很多很多谣言，就关于我的领域就有很多，我也在不断地打假。问题是如果你成立一个联盟，你们这些人就会慢慢地以权威自居，你们就会认为你们是在承担网络警察的责任，要警惕这样的现象。

高潮东：您是有这样一种担心。吴法天说说你们辟谣联盟是怎么辟谣的。

吴法天：其实刚才张鸣老师也已经承认了他也遇到很多谣言，他也在打假，其实他也参与了辟谣。

高潮东：但是没有成立这么一组织。

吴法天：对。一根筷子的力量跟一把筷子的力量相比，肯定一把筷子的力量来得大，我们成立这么一个组织，能够集思广益，大家收集信息寻找证据，效率肯定更高。网络虽然能够自净，但是谣言还是要过很多天才能澄清。

高潮东：简单地说，工作方法什么样？

吴法天：我们是通过网友提供信息、投稿，或者提供谣言的线索。然后分头寻找信息，比如说郭瑶723动车事故，我们认为这个比较可疑，就去寻找线索，各种线索汇集到一起，判断这个是不实信息。

高潮东：怎么判断？你们有几个人的组委会？

吴法天：外围的成员有四五百个。

高潮东：内部呢？

吴法天：核心成员大概有二三十个，最中心的就是审核委员会，有八个人。

高潮东：这八个人是怎么投票表决的呢？

吴法天：采取多数同意一票否决。先把所有的证据和信息摆在那里，最后交给审核委员会来投票。之所以要多数同意一票否决，就是为了保证辟谣的准确性。

司马南：张老师的说法我做两点回应。第一，张老师认为网上的谣言本可自净，但是他自己又说他打假没打完，这是矛盾的。网上谣言本可自净的说法不成立。第二条，担心辟谣联盟自己拥权自重，联盟如果造谣，我们照样可以打他的假，所以这说法也不成立。几个人为什么就不能打假？

辟谣联盟创始人之一中国政法大学副教授 吴法天

张鸣：当然可以打了，问题是这个辟谣联盟带有很强的倾向性，比如说窦含章吧，他就多次指控我拿美国人的钱，证据呢？拿出证据了吗？

吴法天：个人不代表辟谣联盟。

张鸣：辟谣联盟的骨干都放这样的话来。

吴法天：那是你们个人的恩怨。

张鸣：我什么时候拿过美国人一分钱，有什么证据？辟谣联盟骨干都这么说，你想想看你们有什么公信力？你们成天就追着几个人打，打的不是事实，打的就是官司。

吴法天：所以当有人给张鸣老师造谣的时候，你也可以辟谣。

张鸣：我不用辟，我根本就不辟这个谣，你说我是美国狗、是西奴，要杀我要剐我，随你便。你管不了我，你也杀不了我，我根本不在乎这个事情。我就是说你们的公信力不够，你弄出一个联盟来，你已然以网络警察自居，这个就很麻烦，我现在警惕的是这种权力的滥用。

司马南：那为什么，张鸣老师，您可以去辟谣，而他们哥八个在一起就不可以？

张鸣：没有人不让他们辟谣啊。

司马南：您个人有权力辟谣，他们八个人联合起来就不可以，凭什么呢？

张鸣：我没有权力不让他们辟谣，我只是说反对这样的做法。

吴法天：我们辟谣联盟愿意接受各种各样的批评，我们是依据证据来辟谣的，我们也欢迎各种批评我们的证据。我只问一个问题：辟谣联盟辟的120条谣里面，有哪一条辟错了？请张老师给我指出来。

司马南：就是要用证据说话。

张鸣：问题是我就没看到你们辟这些谣。

药庆卫代理律师兰和

吴法天：你看都没有看。

张鸣：我只说反对你的做法。

吴法天：辟谣联盟成立到现在，就没有预设过立场，不管什么样的谣言，只要在微博上出现，我们看到了就会辟。但是目前来看，微博上民谣居多，应该说造谣是有选择性的，所以辟谣只能被动地跟着谣言跑。

高潮东：如果有人给你提供官谣你会辟吗？

吴法天：可以。

高潮东：你们确实要去辟？

吴法天：我们曾经跟很多网友征求过。比如哪个官方媒体有谣言，你给我提供具体的线索，我可以去辟，但是没有人提供。甚至有的网友提供的这个信息本身都是假的。

张鸣：比如说法官跟妻子以外的女人开房是谈事，这个谣你辟不辟？

吴法天：我没听说。

张鸣：你没听说这事？法官跟另外女人去开房，他说是谈事，这个事你为啥不辟一辟？

吴法天：这个是官谣还是民谣？

张鸣：官谣啊，很多这样的事情。

高潮东：这是民谣吧。

张鸣：上班打麻将是帮助同事。

吴法天：张老师您给界定一下，什么是官谣什么是民谣？

张鸣：官谣就是官方来的嘛，包括躲猫猫。

倪方六：张老师，其实他打的这是死老鼠，活老鼠他从来不敢动。

张鸣：他从来不敢动官方谣言。

吴法天：辟谣不是我们的专利，包括张鸣老师，他说他自己也在辟谣，就说辟谣不是我们的专利，我们只能说我们看见的我们辟。如果说张鸣老师认为那个是谣言，您也可以去辟，我们不拦着。

张鸣：你也没资格拦着。

吴法天：所有人都可以来辟谣。

高潮东：还是我们那句话：全民相对论，不必有结论。这事不必有结论，作为吴法天这一方，你们虽然接受了这么多的质疑，但是只要敢站出来，就是要面对这些质疑的，质疑也是一种责任感的体现。为什么要成立这样一个辟谣组织？为什么又有这么多质疑声音呢？原因只有一个，就是网络上虚假信息的确不少。于是就引出了另外一个问题，就是在微博的虚拟世界当中，散布虚假信息需要不需要负法律责任？

资料：药家鑫杀人案余波未了，药家鑫的父亲药庆卫，向药家鑫案原告代理人张显，提出名誉侵权起诉，受到了广大网民的关注。张显曾在微博中说，药家鑫的父亲有四套房，是军队的蛀虫，请中央军委下来查一查等话，让网友们深信不疑。很多人都认为就是因为这些说法，才使得药家鑫案被广大网友高度关注，而记者对药家调查，发现的真实情况却并不是这样，这更引发了人们的思考，在微博这种自媒体中，我们需不需要诚信？

第二次选择：

红方：微博是我的地盘我做主

　　　　倪方六、王甘霖

蓝方：微博不是我的地盘我做主

　　　　兰和、司马南、吴法天、张鸣、袁诚惠

白方：中立

高潮东：认为微博是我的地盘我做主的占绝大多数，持反对意见的认为是一个相对公共的空间，白区还有一位同志，亟待大家去解放他。一提药家鑫这个案子，我是心情非常的复杂，药家鑫毕竟已经死了。现在药家鑫案的第二季又在上映，药家鑫的爸爸药庆卫，现在要状告张显，药庆卫说："张显在网络的谩骂羞辱，散布的大量不实的言论，让我们雪上加霜，亲属因为谣言的猜忌，使我们孤立无助，家里犹如人间炼狱。"张显说："药家鑫才走两个多月，作为父亲的药庆卫，就为了个人的名誉来打官司，这是一场很无聊的游戏。"药庆卫的代理律师兰和也在这里，你为什么要代药庆卫来打这个官司？

兰和：为什么大家都在围观这么年轻的一条生命，而且都在

药庆卫代理律师 兰和

狂欢，我就感觉要反思一下。然后我就把张显所有的言论进行了研究，我发现他主观的臆断的东西很多，情绪化的表述特别多。

高潮东：你说这些话有事实根据吗？

兰和：有。情绪化的吧。李玫瑾教授当时对药家鑫案件做了评论，他说李教授这个评论不科学，是偏向杀人犯说话，李教授是不是喜欢上了这个小白脸？

高潮东：这样的话都说过？

兰和：对。

高潮东：李教授我认识，那人很严谨，而且很受人尊敬。

兰和：是，还说李教授上中央台的节目头发白了是染的，故作悲情态。他的描述就不像一个公民代理人应该说的。但是他那个平台又是一个权威发布的平台，我觉得张显的做法已经触到底线了。

高潮东：我们电话连线一下张显。

电话联系张显：

张显：喂，您好。

高潮东：您好，是张教授吗？

张显：是。

高潮东：想问您几个问题，好吧？

张显：好的。

高潮东：第一个问题，您觉得微博需不需要打假呢？

张显：微博是一种大众信息交流的平台，很难说有真和假之别，当然了，对于那些故意散布虚假信息，进行商品交换，制造社会混乱和挑起民族矛盾的例外。

高潮东：还有，您在微博上说过希望相关部门来查一查药庆卫，这样做的目的是为了监督我们的司法程序和部门，有吧？

张显：有。

高潮东：为什么会这样说呢？

张显：我现在感觉微博像阳光一样，可以医治腐败，监督工作，促进社会的和谐发展。微博上假如有人说某人贪污了一千万，结果引起了某些方面的注意，开始对他进行审查，查出来他贪污了一百万，那这仅仅是一个贪污程度的问题而已，这样来说这种消息有积极性。

高潮东：还有一个问题，药庆卫正在和您打官司，您赢的胜算有多大？

张显：药庆卫他要打官司，这是他的权力，很正常，药家鑫案和本次起诉我的事，是永远不可分割的话题。这一连贯的事件中，没有谁会认为自己是胜利的而狂欢，对大家来说，都是一个教训而已，药家鑫案的尘埃落定也明确了胜与负的结果。

高潮东：还有一位特殊的人物一定要跟您说两句，他就是药庆卫的代理律师兰和。

张显：好好好。

兰和：张老师。

张显：你好。

兰和：你好，我想问你几个问题，第一个问题，你对药庆卫家了解吗？

张显：我怎么了解，你了解吗？

兰和：那你不了解，你说的那些是事实吗？

张显：你说哪方面了不了解，你做他的官方发言人，你是非常非常了解的，竟然说他没有收入。

兰和：你回答我的问题。

张显：你和他近距离地接触，我跟药庆卫离得这么远，我的信息来源是网络。

兰和：请你直接回答问题，可以吗？

张显：你说。

兰和：第一，你不了解他的家人状况，是吗？

张显：你不要这么说，我了解是从网上了解的，没有你了解得深刻。

兰和：你从网上了解的，你能确定信息的真实性吗？

张显：就他的收入情况这么简单的问题，你自己都搞不清楚，还做了他这么长时间的官方发言人，因此你现在好多信息，都是不可靠的。

兰和：OK，我的信息有失误，如果对你造成伤害的话，我欢迎你采取法律手段。

张显：那我们就法庭上见，今天拒绝回答你的问题。

高潮东：您要不要再梳理一下情绪。

中国政法大学的副教授

张显：我们马上要法庭见，我今天感觉到了，兰和律师的言行已经背离了一个法律人的诚信。

高潮东：好的，谢谢张显教授。

张显：好，再见。

高潮东：兰和，刚才通过这个简单的对话，你对张显本人有何评价？

兰和：我觉得他的逻辑是混乱的。

吴法天：而且他说微博谣言是为了监督政府，为了杜绝司法腐败。我在微博上有一段很好的反驳，按照他的逻辑表述的话，那么杀人是为了替天行道，抢劫放火是为了减轻拆迁成本，抢劫是为了社会财富再分配，强奸是为了解决男女比例失衡问题，他是一种强盗逻辑。

司马南：我对张显先生并不了解，他发表了哪些东西，哪些是真的哪些是假的，我并不很清楚。但是从他刚才的陈述当中，我发现和您要我们讨论的问题能够很好地契合起来。他刚才这段话，实际上等于谣言正义论，他说微博像阳光一样。比方说倪方六，我们认定他贪污。我说他贪污一千万，结果大家注意到了倪方六，被查出来贪污一百万，他说好。我认为这样是没有根据的，你可以说怀疑他贪污，你直接说他贪污了一千万，这就叫造谣。为了所谓自己认为正义的目的，去造谣也叫造谣，这是不可取的。

吴法天：第一个是药家鑫和张妙的刑事案件，第二个是药庆卫要维护他的名誉权，跟张显之间的这两个事情捆绑起来，拿因果关系来套的话是不可能的，在法律上面是不能混为一谈的。

高潮东：我突然有一大发现，虽然刚才隔着电话，兰和和张显已经吵起来了，但是刚才吵的张鸣和吴法天坐在一起了，而且吴法天说话的时候，张鸣一直在点头，您是同意他的观点的，是吗？

司马南：张鸣吴法天坐在一起不是谣言。

张鸣：司马南和吴法天的话我都是同意的。谣言它就是谣言，我不同意谣言，尤其是不同意所谓以正义的名义来传谣。

高潮东：对。

张鸣：我很反对这个，很多人都是这样认为，既然对方是下作的，那我就可以用下作的手段来反对他。

高潮东：举一个例子。

司马南：说这个姑娘亭亭玉立，亭亭净植，美不胜收，然后他的指导教师张鸣，居然那样了。然后这个姑娘，就萌生了轻生的念头，姑娘家境贫寒，为救姑娘一命一定要惩罚张鸣，给姑娘捐钱，大家捐不捐？

高潮东：他太有经验了。

张鸣：太有经验了，太坏了这人。

司马南：我现在辟谣，张鸣确实没干这样的事，但别的事干没干不知道。

高潮东：对，你看我们的出发点是善意的，帮助她，而且她确实有困难，但是我们编造了大量的谎言，这种做法是不可以的。我觉得是这样，咱们还有一个问题需要讨论，就是说既然大家说话相对随便，那么在微博上应不应该实名制？

吴法天：我觉得是有条件的。第一个，实名制必须是自愿的，不是强制的；第二，实名制是后台实名制，不是前台的实名制。

高潮东：张鸣老师呢？

张鸣：我认为不管后台和前台，都应该实名制，但是我们现在不行，为什么呢？如果言论还有罪，言论还可以被跨省追捕的时候，就不能实名制。

高潮东：您是不是认为这微博，就如同我在自己后花园里面种花，我种什么花是由我做主吧，你看，谁让你看呢，我没让你看呀。

王甘霖：掌控微博的是个人，每一个人都有公德和自律性，你在大街上撒尿，我就拍张照片发上去行吗？肯定不行。

红方观众B：在大家认同的范围不违法，或者说没有越过法律界限的，我觉得可以自己做主。

蓝方观众C：自己做主难免会有一些做错的地方，这时候就需要法律的限制。

袁诚惠：自由应该是有限度的，一个人的自由如果扩张到无限，结果是其他人都无法自由了，比如说一个人凌晨两点出入一个女孩子的卧室，他就认为他的自由他做主，这不可以。

倪方六：微博本身是一个私媒体，私媒体自己不做主还能让你做主吗？但是这里面有一个条件，我同时还主张要实名制。就说我倪方六，虽然这个博客是我的私媒体，我也不能乱来，不能瞎写。

一句话总结：

司马南：真实是一种力量。

吴法天：正确的观点，不需要借助虚假的事实来传播。

张鸣：言论自由是第一位的，支持实名，有了实名制才有言论自由。

兰和：自由的权利，必须在合法的限度内来行使。

袁诚惠：一切不择手段的正义，都是伪正义。

王甘霖：主张人人加微，加 V 不是神话，加 V 代表着在虚拟的空间有一个真实的你。

本期编导：高 淼

2."半兽人"来了

□ 2011 年 12 月 3 日

科学是把双刃剑。
利益驱动形成灾难。

扫一扫 看本期节目视频

　　内容提示：英国《每日邮报》近日报道了，有关英国多家实验室正在进行人兽杂交胚胎培育实验的新闻，在英国的政界和学界引起强烈反响。根据《每日邮报》目前掌握的数字，英国多家实验室在过去三年中，一直秘密进行人兽杂交胚胎的实验，并且已经制造了 150 多个同时包含人类和动物基因的杂交胚胎。早先在英国这样的实验并不合法，但英国 2008 年颁布的人类受精与胚胎学法案使多种杂交物种合法化，并赋予伦敦国王学院、纽卡斯尔大学和华威大学等三所研究机构进行相关实验的权利。科学家们都宣称，人兽胚胎中的干细胞可以治疗多种不治之症。

本期主持人：

李鸣

本期嘉宾：

耿洪涛　果壳科技编辑

谷　雨　整形美学设计师
魏　刚　《北京科技报》编辑部主任
侯　宁　独立财经观察家、时评家、社会学者
胡锦洋　《世界报》科技编辑

嘉宾选择：
红方：认为人兽胚胎杂交是科学进步
　　　　耿洪涛、谷雨、魏刚
蓝方：人兽胚胎杂交会给我们带来不适和伦理上的冲突
　　　　侯宁、胡锦洋
白方：中立

李鸣：人兽杂交胚胎的研究会给人类带来什么？人耳鼠这样的新闻出现，给我们带来的是一种什么样的心理感受？对于人兽胚胎杂交这样的技术，大家有什么样的观点？

蓝方观众A：特别害怕。

耿志涛：其实这里面存在着一个很大的误解，人耳老鼠跟我们今天讨论的人兽杂交一点关系都没有。人耳老鼠是怎么做出来的呢？我解释一下这个过程。首先，科学家用化学材料做了一个耳朵的模型，然后把来自动物的细胞覆盖到耳朵模型上面，再把这一团细胞种植在老鼠身上。这个过程其实跟人一点关系都没有，做这个的原因是，有一些人——比如在车祸中失去了耳朵，可以用这样的方法，给他造一个耳朵出来移植上去。这是整形方面的一个整合恢复方面的技术。

侯宁：任何科技的探索，都是值得肯定的，但是近百年以来，可以明显地看到一种苗头，就是人类打着人定胜天、万物之灵的旗号，在不断地制造毁灭自己的东西，现在人类所储藏的核武器

打着万物之灵这样的旗号

独立财经观察家时评家社会学者 侯宁

足以把地球毁灭九十遍。

胡锦洋：原子弹的制造者奥本海默在制造原子弹的时候，并没有考虑到未来会用在战争中。科学家的思维很简单，他只是把科技成果做出来，但是最后这个成果被政治家利用了，利用完之后科学家就被踢到一边，所以科学成果出来之后，怎么应用这个成果很难控制。

魏刚：侯宁老师和胡锦洋老师谈到了一个问题，就是科学是一把双刃剑，这把双刃剑哪一面更锋利，对于咱们来说是一个未知数。怎么能够控制好它，让它更好地为人类服务，我想这是现在科学家需要考虑的问题，但是并不能因为它是双刃剑，我们就停止研究。就说火药，它的发明既给人类带来了一些有益的东西，同时也带来了战争和死亡。科学的研究和发明应该鼓励，但是，也要考虑到它的另一面，有一位专家曾经说过：科学也要讲伦理。

李鸣：魏刚正好提出"伦理"这个词儿，伦理说起来挺复杂。如果说人身上的器官有很多都能够被动物器官所替代，你们能接受吗？

蓝方观众：我感觉我会接受不了，这样会影响社会秩序，换完之后到底是人还是兽？

谷雨：关于是人是兽这个话题，首先，我们只是用动物做一个媒介，99%是人类的细胞，只有1%是动物的DNA，所以，更换到人身上的时候只是弥补了缺陷，大部分还是人类自己的器官。

侯宁：科学家本身是很理智的人，但是有时他的思想是非常有局限性的。美国电影中经常再现一些科学狂人。他在一些利益集团的推动下，很可能就发展成将来会看到一大批豹子在街上跑，但是这个豹子有人类的脑袋，它跑得比人类快，咬得比人类狠，人类受得了吗？

果壳网科技编辑 耿志涛

耿志涛：正像刚才侯老师谈到的，科技的发展确实给我们带来了一些生存上的风险、伦理上的风险。其实这些风险，科学家也是看在眼里的，他们也没有说放任这个风险去发展。在国外的一些大的研究机构都有一个"伦理委员会"，伦理委员会认为有些情况是违反伦理的，比如说改变人类的外形，来一个长颈鹿的脖子或者老鹰的翅膀，这些都是不允许的。

魏刚：有关人兽杂交有三种方法：第一，用人类的精子和动物的卵子结合产生，它不会自我复制 DNA，这是不可能的。第二，把人类的胚胎细胞和动物的胚胎细胞结合，这两个胚胎细胞会自我复制 DNA，最后有可能会形成咱们谈到的半兽人，这个在伦理上是不允许的。第三，把动物的卵子的细胞核抽出，把人类精子的细胞核植入到动物卵子中，整个胚胎 99% 的 DNA 都是人类的，只有 1% 是动物的。这项研究是允许的，但 2008 年的法案中规定，研究出来的这个胚胎，在 14 天内必须销毁，所以现在是在科学能够控制的范围内在进行这个研究，所以大家不用担心。

李鸣：我们刚才听到了很多科学的分析，但是今天包括我在内对这个领域不是特别熟悉。既然咱们是一场全民相对论，一场关于科学、关于未来的狂想，咱们不妨也把对未来的忧虑也狂想一下。

资料：巧合的是好莱坞就有一部影片，是讲述科学家创造人兽杂交物种的故事，今天看来似乎就是现实的翻版。画面中这两位夫妻科学家通过不同动物的基因杂交成功创造出了两只新的物种，用于医疗蛋白质的提取。科学家夫妇想要将人类基因与动物基因进行杂交，不过给他们提供科研经费的制药公司却拒绝了他们这样的想法，并准备关闭基因杂交实验室，但两夫妻却逃不过好奇心的驱使，秘密开始了人兽杂交实验。女科学家甚至提取自己的卵子来进行实验，结果他们创造出了一个叫作德伦的生物，一个有着啮齿目动物特征，但是却有两个巨大双眼，长尾巴且细胳膊的怪物，两人原本计划实验一成功就要杀死德伦，但德伦衰老得异常迅速，观察德伦的一生又成为他们的新目标，更令人预料不到的是女科学家甚至在德伦身上倾注了母爱，教会它如何阅读和拼写，但德伦终归不是人类。随着成长，德伦的情绪难以琢磨，并时常暴躁难忍。当两人真正下定决心要杀死这个怪物时，德伦已经无法控制，德伦在被杀之前，还刺穿了那位男科学家的心脏。虽然这些情节都出自编剧的想象，而且人兽杂交胚胎被规定不能发育超过两周，但秘密的实验加上科学家不可预料的好奇心，科学的禁区是否会被突破，谁也没法打这个包票。

第二次选择：

红方：支持人兽胚胎杂交

　　　　耿洪涛、谷雨、魏刚

蓝方：不支持人兽胚胎杂交

　　　　侯宁、胡锦洋

白方：中立

蓝方观众B：挣扎了很久，我觉得这种东西必须要有一个底线。

魏刚：科技的发展总是会带来一些负面的影响的，你们没有看到一些正面的东西，比如地沟油，荷兰的科学家用科学的方法把地沟油提炼成生物燃油。这样就解决问题了，所以我觉得科技还是在推动咱们往前发展的。

侯宁：科学家只是提供点火器的人，都是利益驱动它成为人类灾难的，刚才提到了地沟油，我们还有苏丹红、毒包子、毒毛血旺等，我们中国人就是吃着毒长大的。从这个角度来讲，咱们早就百毒不侵了，还怕什么胚胎。

李鸣：我们已经可以进化成汽车人了。

侯宁：但是大家为什么依然在抨击它、在恐惧它？我觉得我们应该恐惧的是人类可能在毁灭自己。

胡锦洋：反方在谈的时候都是说用法律来控制，但是法律防不住小人。

侯宁：我补充一个相对消极的观点，科学真的能让人类增加幸福感吗？不一定。自从瓦特发明蒸汽机以来人类社会大幅发展，但是人类的幸福感增加了吗？我们扪心自问一下，有当年"采菊东篱下，悠然见南山"的陶渊明过得幸福吗？我们现在一个苹果手机，基本上就把你锁定了，你在世界上任何一个地方，苹果都

世界报科技编辑　胡锦洋

能把你锁定住，美国的巡航导弹就可能降到你的头上来。

谷雨：侯老师，我很抱歉地问一下，你今天早晨怎么过来的？

侯宁：我打车过来的。

谷雨：如果说你要是在"采菊东篱下"这种状态，你今早应该怎么过来呢？

侯宁：如果不是因为这个倒霉的科技，有了现在这个手机，今天的编导根本就找不着我，现在我还在家里睡大觉呢，你说这个科技给我们带来什么好处了？

李鸣：咱们都希望明天能够过得幸福，希望明天能够没有危险，像人兽胚胎杂交这样的技术，我们给它一些什么样的建议。

侯宁：我们需要推动科学技术的发展，要设定一些标准来限制科学家所谓的好奇心，正如牛顿说我可以计算许许多多东西，人类的疯狂我计算不出来。

胡锦洋：我觉得人类肯定要依靠科技进步，这个我不反对，但是有些技术它具有争议性，我觉得在违反人伦的这个方面，还是应该守住底线。

蓝方观众C：我一直坐在反方这个位置上在思考两个问题。第一，身体上有缺陷或疾病的都是少数人，我们为什么要让全体人类产生恐慌去满足少部分人的幸福感。

谷雨：目前中国每年有150万人因中末期器官衰竭死亡，但是每年仅有一万人可以找到匹配的器官去更换，还有更多人因为找不到合适器官而死亡，这个数量还不大？

蓝方观众C：生老病死是一个很自然的规律，当寿命延长之后会比以前感到快乐吗？如果为了移植器官背负了很多的债务，我下半辈子可能生命延长了，也变漂亮了，但是我会快乐吗？

魏刚：科学是把双刃剑，有利益也有问题，但是办法总比问题多，只有全民更加了解科学，让科学来还原真相，让科技来引领生活，这样科学才能向着为人类服务的方向发展。

一句话总结：

侯宁：警惕人祸，在世界经济开始大幅衰退的情况下，最需要警惕的不是经济衰退，恰恰是人类在衰退中可能出现的一些疯狂。

胡锦洋：我们应该守住自己的底线，让科技更好地为人类服务，为人类创造更好的明天。

耿志涛：我们能做的就是更加好的了解科学，更加完整地去明白科学背后的一些真相，才能够在这个过程中拿出自己的力量来。

谷雨：认清科学是很重要的，科学研究是造福人类的。

魏刚：任何对科学的争议，往往是由于对科学的不了解，我觉得我们应该用科学来还原真相，用科技来引领生活。

本期编导：毕 铭、宋看看

3. 富面人生

□ 2013 年 4 月 27 日

当下中国，富人离权力太近，万一有一天民粹与权力结合，富人肯定要倒霉。

扫一扫 看本期节目视频

　　　　内容提示：2013 年 3 月 30 日，网友微博爆料，称"海天盛筵"涉嫌聚众淫乱，牵扯出多位明星。随后海南警方介入调查。主办方和各路明星纷纷否认有淫乱事件。玩游艇，坐私人飞机，泡外围，中国富人群体的生活状态，再一次展露在世人眼前。有网友指责富人的生活太过奢华，并且精神空虚，也有人说这不能体现中国富人的整体面貌。中国富人是不是被冤枉了？

本期主持人：

闾丘露薇

本期嘉宾：

曹保印　《新京报》　首席评论员

邓小暖　模特

丁　佳　"海天盛筵"媒体负责人

陈　俊　北京浙江商会副会长

童大焕　著名媒体人

嘉宾选择：

红方：中国富人是被冤枉了

邓小暖、丁佳

蓝方：中国富人没有被冤枉

曹保印

白方：中立

陈俊、童大焕

闾丘露薇：今天我们要关注的这个话题，就是和生活方式有关，也和我们现在这种财富分配有关。中国的富人到底冤不冤呢？其实只要每次有关于中国富人的新闻，批评的声音基本上都是一边倒。

曹保印：当他们觉得自己冤的时候，已经证明了不冤。

闾丘露薇：主办方解释一下，到底什么是"海天盛筵"？

丁佳：这个活动的初衷，就是把更多的游艇知识和健康的游艇生活分享给大家。

闾丘露薇：作为一个主办方，传出这样的消息是因为围绕着它的外围，有很多私人的派对，会不会觉得好多出发点蛮好的东西到了中国就变味了，是不是觉得很可惜？

丁佳：对，我们在做这样的活动的时候，媒体朋友采访就会不断地问，"海天盛筵"作为一个奢侈品展怎么怎么样。我们就觉得，为什么要这样定位，我们就是一个游艇展，为什么游艇就是奢侈品呢？

闾丘露薇：为什么不承认它是奢侈品？

丁佳：因为它本来就不是啊。

闾丘露薇：大家同意吗？

所有现场观众：不同意。

丁佳：大家可能对游艇不是很了解，游艇有贵的，也有不贵的，跟汽车一样。有些游艇跟汽车的价格是一样的。

闾丘露薇：七万多可以买到一个钓鱼艇，但是维护是需要钱的。那撇开这个，最后出来的效果，尤其是今年，可能跟主办方想要宣扬的生活方式和理念相差比较远。其实对大部分网友来说，不太在乎你到底要宣扬什么，就比较关心这些比较有谈资的东西。

丁佳：确实是。

闾丘露薇：那小暖跟我们讲讲，在里面是不是有很多外围的派对，有很多模特去凑热闹，去玩，或者认识人。

邓小暖：会有一部分这样的人存在，但其实她本身不是属于模特这个行业，不过是自称模特，或者认证为模特。她是专职做别的一些事情，有这么好的机会，肯定不会浪费掉吧。

曹保印：等于说承认存在这种现象，而且是专业级的。

闾丘露薇：很多的派对是邀请制的，如果你是专业模特或者名人，会受到邀请。

邓小暖：对，但是有一部分不是被邀请去的，她可能知道这个活动好，高富帅都去，那自己订机票去，酒店全订满了，晚上住哪里？

曹保印：就和高富帅住一起。

闾丘露薇：作为主办方，听到这样的一个描述，会不会觉得跟你的初衷相差太远，给外界形成了这样一个不好的名声？

丁佳：对，这样的新闻，确实跟我们办这个活动的初衷是完全不一样的。对于那些传闻，里面有一些数据也都是不可靠的。所以说像这样一些消息，真的是空穴来风，连我们主办方都没有办法去证实是真是假，这个应该是警方做的事情吧。

闾丘露薇：所以你觉得中国富人比较冤的是，有很多可能不是事实的事情，或者一些比较负面的声音在他们身上，"海天盛筵"就是一个蛮典型的例子。

丁佳：对。

邓小暖：负面消息已经盖过正面消息，大家已经看不到正面，以偏概全，可能有这些现象存在，但不代表所有人都是这个样子。

闾丘露薇：你有没有去？

邓小暖：我没有，我没有去过三亚。

闾丘露薇：那你身边的人有吗？

"海天盛筵"媒体负责人 丁佳

251

邓小暖：有。

闾丘露薇：她们怎么形容？

邓小暖：我没有细问，但是我知道她是去做什么了。

闾丘露薇：是去参加活动还是？

邓小暖：可能两个都有吧，也是所谓的模特。

闾丘露薇：那是所谓的模特。

邓小暖：不能否认。

闾丘露薇：有没有人找你去？

邓小暖：没有。

丁佳："海天盛筵"活动期间，会有很多活动举办，不能说都是"海天盛筵"，那些私人活动跟我们没有任何关系的。

闾丘露薇：这要解释一下，这种派对除了一个主活动之外，有很多其他品牌、俱乐部或者个人名义举办的活动。

模特 邓小暖

丁佳：对。

闾丘露薇：去那里欣赏游艇生活，或者看其他品牌的展览，为什么这些人会出现这样的问题？

曹保印：游艇本身不是一个游艇，它是一个符号，就是有钱的象征。这种符号又给大家强化了一个概念，就是你的游艇从哪里来？这个钱从哪里来？其实人并不是仇富人口袋里的钱，而是仇富人挣钱的方式是不公平的。富人的钱来自于社会，但没有更多地用之于社会。

陈俊：这让我想起了十年前的别墅展、豪车展，大家当时都不理解，别墅卖给有钱人怎么了，现在都能接受了吧。现在卖游轮、游艇，大家不接受，过几年都能接受了。游艇的目标客户肯定是有钱人家，实际上我对主办方一点意见都没有，这么大一个活动，人们把它妖魔化，那谈资就多了，就可以借题发挥了，这就是中国人最大的特点。

曹保印：八卦不仅是中国人的专利，英国还有专门的八卦小报。

闾丘露薇：大家上升到财富怎么来的这个层面了。

陈俊：我们就不追究富人钱是怎么赚的，当然有些富人是很慈善的，有社会责任心的，有些富人是为富不仁的，因为人的思想境界高中低都有，这个不好说。

闾丘露薇：而且没钱的人也有这个情况。

陈俊：也是有各种各样的人，不能说出现了个别非正常现象，就一棍子全部打死，我不赞赏这种观点。

闾丘露薇：比方说你抱着去看游艇知识的意愿去看一个展览，去了之后发现，到处都是美女想要认识你，对你很有吸引力，你会吓得马上走？

陈俊：这要看你本人的心定不定，定了心你走到哪就不怕。

童大焕：中国当下，富人离公共权力太近，当然原罪还是公权力。但是富人离老百姓太远，所以凡是富人做的事情，除了慈善，其他都是错的。

陈俊：这个不一定。

童大焕：这是老百姓形成的观念。

陈俊：这个观念是不一定的。

曹保印：你们两个中立的吵起来了。

闾丘露薇：编导做了一个总结，当然这都是标签化的。

曹保印：反正始终围绕着女人。

闾丘露薇：来讲讲模特，不好意思，因为大家讲到富人，就会跟美女围绕在一起。

邓小暖：所以说模特挺冤的，一些三观尽毁的人，把这个圈子给污染了。

闾丘露薇：你们是不是时常有机会参加一些派对，接触到所谓的富人，然后那些派对很多时候都有女孩，至少有时候为了活跃气氛。

邓小暖：会有一些这种活动，但是去的基本上还是那些人，三观正常的模特不会去。有的模特是靠吃饭挣钱，有的是靠睡觉挣钱，现在都统称为模特。

曹保印：富人聚集在这里居然是为了消费女人，而最终所有的舆论又把罪全推到女人身上。

闾丘露薇：互联网行业相对还算比较干净的行业，看张朝阳怎么谈富人壮大。

张朝阳：我认为钱多不是幸福的保证，你如果没有从心灵、道德、原则上管理好自己的话，钱再多也不会幸福。我是这样走过来的，我真的什么都有，想要什么就可以买什么，但是我居然这么痛苦，所以我就知道了幸福跟钱多少真的没关系。而且钱多或者名气大，如果你没有管理好自己往往更容易让你陷入精神的痛苦。

　　资料：富人到底想要一种什么样的生活？一天5万的法拉利驾驶培训课程、一天7800元的贵族夏令营……"速成贵族"的各种培训让富人们得以体验"贵族般的奢华生活"，中国富人在走向贵族化吗？

第二次选择：
红方：中国富人没有走向贵族化
　　　　曹保印 、邓小暖、童大焕
蓝方：中国富人在走向贵族化
　　　　陈俊、丁佳
白方：中立

　　陈俊：我认为张朝阳是一个很成熟的企业家，很成熟的商人，成熟在哪儿？第一阶段我们这批商人都经历过，我有钱了我牛了，发展到第二阶段，就有使命感了，比如说我个人，就感觉到胆战惊心，如履薄冰。

　　闾丘露薇：因为钱随时会被拿掉？

　　陈俊：因为你的一言一行代表了你的形象，可能就影响你这个团队的形象，不要以为有钱了就买大飞机。我接触的这批朋友以浙商为主，都是这样的。

　　闾丘露薇：会不会有地域的区别，因为浙商好多都是民营企业家，他是靠自己的奋斗攒到的钱。但是在富豪的成员中，有很多是国有企业家或者官二代，或者本身就是官员，然后下海的，他的这个钱的来源呢？

陈俊：国有企业的我就不了解了。

曹保印：企业家之所以被人仇，正因为他们没有用自己的一言一行引导社会往正确的、积极的方向走，所以大家才觉得他们的财富有问题。

陈俊：对，我反复讲不能以偏概全。我认为中国企业家的整个团队是积极向上的，当然这个团队里面有个别的腐败。

闾丘露薇：小暖为什么这么对富人呢？

曹保印：她觉得坏人太多了。

邓小暖：我觉得哪怕问所有人成功是什么，绝大部分人都会说想赚多少多少钱。没人会想自己到底为社会做了多少，创造了多少社会价值，自我价值又是什么。有一些人很有钱，自认为是个成功的人，其实他不是，只不过他的物质达到了一个层次，但是精神上没有。所以我觉得中国短时间之内不会有贵族出现。

闾丘露薇：你有没有想过时间问题。

邓小暖：所以说暂时不会有。开放才几十年，现在出现贵族太早了。

陈俊：我们浙江有一段民间流传的话，说家里十七八辈出现一个贵族，就是祖坟冒青烟了。出一个贵族很难的，出一个富人就比较容易一点，富人不一定是贵族，但贵族必须是有钱的。

闾丘露薇：贵族离我们还是有点遥远，即便是在欧美，贵族也已经是不太流行的概念了。大家都是很平等的，只不过就是说，当你拥有了财富了之后，你选择做一个什么样的人。

曹保印：当我们谈论贵族的时候，一定要从现在这个角度来定义。比如比尔·盖茨和他的妻子成立了比尔和梅琳达·盖茨基金会，用于全世界的儿童救助、饥荒、地方国家的农业实验。在博鳌论坛上，科技部的部长还专门说相信科学家能够改变贫困，而比尔·盖茨做的就是和中国的科技部一起培养一些农业的种子，比尔·盖茨和他的太太就是一对贵族夫妻。我们不能用欧美传统的贵族概念来讨论现在。

陈俊：我认为贵族必须要具备几种元素。第一，完整的高等教育或者海外留学教育，文盲肯定称不上贵族。

闾丘露薇：自学也能成才的。

陈俊：第二，能够在主流社会中起一定作用。到目前为止，可能我眼见比较浅薄，好像还没发现哪一个是贵族。

曹保印：那我想问陈会长一个问题，您接受过系统的高等教育吗？

陈俊：我肯定接受了。

曹保印：您有钱吗？

陈俊：比起一般老百姓肯定有点。

曹保印：你尽社会责任了吗？

陈俊：我尽自己可能做的。

曹保印：按照你刚才的理论，你就是一个贵族。

陈俊：不是不是。

丁佳：对于这样一个新的东西，大家需要花时间去了解，需要真正知道游艇产业到底是怎么回事，游艇到底是一个什么东西，怎么去玩。我对这个行业的发展非常有信心，也非常乐观，我相信有越来越多的人会慢慢理解。

闾丘露薇：你们的对象就是中国的富人阶层，这点你必须要承认，对吧？

丁佳：任何一个行业，都是从金字塔顶尖慢慢影响下面的人。

陈俊：活动分公益性、商业性还有娱乐性，商业性和娱乐性活动肯定有目标客户，比如说做豪宅、豪车的，肯定是有一定身份的人才能被邀请，不可能马路边随便拉一个。

童大焕：第一，我是主张奢侈品消费的，富人不奢侈，穷人要饿死，而且我观察过，在经济危机的时候，奢侈品行业是最稳定的。第二，我始终认为企业家，特别是民营企业家，是社会进步最重要的力量。在一个社会中，如果有60%的财富跟权力都紧密联系的时候，那么民营企业家是不可能独善其身的。所以我说你们企业家太短视，你们离权力太近，离智慧太远，离老百姓也太远。

陈俊：前面这部分我同意，后面这部分我不同意。

闾丘露薇：你对财产的安全性是非常有信心的。

陈俊：也不是这么说，就是凭着埋头苦干的精神。

童大焕：社会情绪如果是倾向民粹的时候，流氓无产者也好，权力阶层也好，首先针对的肯定是有钱人，所以我觉得今天的中国富人很可怜。人有五个境界，第一个是基本的生理需求，第二个是安全需求，第三个是归宿，第四个是尊重，第五个是自我实现。但是中国富人只停留在第二个需求，安全还没有保证，所以拼命赚了钱就跑。

一句话总结：

曹保印：自尊、尊他、他尊，富人首先要学会自尊，然后去尊重他人，哪怕是一个街头乞丐，你尊重他才能够赢得他人的尊重。

邓小暖：富人只要做好自己，知道该做什么，不该做什么，就OK了。

童大焕：富人要和穷人智慧合流，共同约束公权力，不要富人和权力合流，去赚取财富，社会才能和谐，才能安全。

陈俊：不争辩，为富而仁，一直是我们浙商追求的目标。

丁佳：游艇不是富豪的玩具，不管大家现在怎样看待这一行业，我相信在不久的未来，所有的人都可以一起来分享跟享受这样的一种海洋热情。

闾丘露薇：人的观念是不断改变的，可能几十年之后，大家会觉得游艇就是很普通的一种生活工具而已，就跟打网球差不多。另外一点，大家不要分什么富人、穷人，有的时候，你觉得别人是富人，可能别人的眼中你才是富人。当你仇视别人的时候，可能也在受到其他人的仇视。财产要取之有道，对社会要有一个责任心，要有道德。

本期编导：郝国栋

4. "粉"给力与"围"正义

□ 2012 年 3 月 6 日

网络已经深刻地改变了社会。
政府必须经得起骂。

扫一扫 看本期节目视频

　　内容提示：2011 年的网络世界，什么人最活跃？粉！什么活动最流行？围观！当向来文艺做派的香港作词人林夕，都能写出"楼主水帖灌天下，盆友围观把屏刷"的歌词，你就知道围观已经成为多么热辣的关键词。从药家鑫、郭美美，到温州动车、杨武事件，无数引发社会热议的事件背后，都存在着一个庞大的网民群体，他们爱围观，也爱批判，他们路见不平一声吼，该出手时就出手。他们的存在，对当下中国社会有多大的影响，他们的呼声，又是否能换来真正的正义与公平？

本期主持人：

闾丘露薇

本期嘉宾：

五岳散人　自由撰稿人

曹保印 《新京报》的首席编辑、评论员，知名作家

刘 安 《华商报》北京站站长

索 娜 《博客天下》市场部副总监

喻国明 中国人民大学舆论研究所所长

王小峰 《三联书刊》主笔

嘉宾选择：

红方：围观的力量能够改变现实

　　五岳散人、曹保印

蓝方：围观的力量不能够改变现实

　　刘安、索娜

白方：中立

　　喻国明、王小峰

闾丘露薇：粉丝力量到底有多大，它到底能不能够超越现实？

喻国明：从民意的角度来说，网络把大家的声音聚集在一起，发出一种强有力的社会的呐喊，但是它总是要通过社会的制度体系，再落到具体的实处。这样一个过程当中，既有影响，也有变异。它是一个很复杂的过程。

王小峰：我觉得网络只是把现实的一些东西放大而已，我觉得不太可能改变生活。

五岳散人：人家都给我一个头衔叫"知名网友"，其实我所有的东西都发表在传统媒体上，但是网络给了我这种机会，让我有这种专栏写。大约网络这些年已经深刻地改变了我们的社会。

曹保印：我的脑袋和散人的脑袋有多重，网络早都已经秤出来了。在网络的围观之中，有的不该留的脑袋留住了，有的需要留住的脑袋没有留住。网络连脑袋的重量都知道了，你说网络还

没有改变现实，基本上在掩耳盗铃。

　　刘安：我的观念和小峰的很类似，我觉得网络充分满足了人民表达的诉求，但是在现实中间真正改变了多少？我们可能过多地把个案当成整个现实了，放大到整个现实来看，它改变的力度、广度和深度还是相当有限。

　　索娜：现在围观的力量是影响、吸引更多的人来关注这个事件，但是在目前的社会体制下，它改变不了事件原本发展的方向。

　　闾丘露薇：一些网友也对这个话题发表了评论，其中还有很多著名网友。笑蜀认为这个应该是凝聚民间意见的方式。宋石男认为它比行动稍微弱一点，但是比麻木要好。普通网友陈丹说跟不跟帖，转不转发，对于实际问题的解决起不到太大作用。

　　喻国明：我觉得改变实际上是有不同层次的，第一是认知层面，比如说议程设置。第二是意见的改变，就是大家的认识有没

《博客天下》市场部副总监 索娜

有一些不同。第三才是意志行为的改变。围观首先是议程设置方面的改变，人们有没有话语权、有没有知情权这种改变，我认为在围观社会里面，改变对于中国社会是巨大的。

王小峰：我同意喻老师说的第三点，我认为它只是把现实放大，这好比有一个 30 度的角，你拿一个 3 倍的放大镜放大，它不会变成 90 度的。它只是把现实当中好的和不好的在网络上放大。

曹保印：你这个有一些过于僵硬的物理化，其实网络上的围观以及现实生活中的围观不是那么简单的一个放大镜。现实中的蚂蚁你放大它还是蚂蚁，但是在网络中，一旦放大到一定量的时候，蚂蚁可能就会变成狮子。

王小峰：我说放大，只是说把那一个相对的小的东西放大。

闾丘露薇：比方说宜黄事件。

曹保印：其实在我身上就发生过，它就改变了我。我的一个老乡领着四十多个建筑工人，承包了一个工程，结果过年的时候拿不到工钱，他问我怎么办，我说我尝试一下微博的力量。我就不断地发这些农民工一边烧火、一边挨冻、一边拿个盆坐在政府门口的情形。随着转发量慢慢往上涨，两天以后老乡给我打电话说谢谢，人家来谈了，又过了一天，钱已经打到公司账户上了。

王小峰：所以这是我为什么要坐到这个位置的原因。我并不否认网络带来的这种影响，但是我觉得从比例上来讲是很少的。包括小悦悦事情，它唤起了大家的良知，但是真的这个人走到大街上看到这样的事情，他会伸出手去帮助吗？那也未必。只是说人在面对一个显示器的时候，他看到那些文字，甚至看到那些图片的时候，他会有一种感触，离开了显示器未必能怎样，大部分人都是这样。

喻国明：不能说今天看了小悦悦事件，明天所有人都开始奋不顾身地去做什么什么样的事情，我相信这个改变不是这样就能

《三联生活周刊》主笔 王小峰

发生的。但是人们面对这样一个事件，都在考问自己的良心，考问自己的灵魂，考问自己的道德底线，道德的这样一个自省，就会是一个发生的过程。

曹保印：其实我和你想到的观点不一样，你说在网络上围观之后，在网下未必会那样做。我再举个例子，安徽一个地方有几十万斤石榴卖不掉了，农民辛苦了一年，积攒几十万斤石榴变成垃圾了，我们就在微博上号召大家买石榴。结果用了不到一周，几十万斤石榴卖掉了。

王小峰：我曾经帮助过一个治白内障的基金会募捐款项，募捐了五十万给四川大凉山的一个小学。

闾丘露薇：网络是一个手段，别的方法也能。

王小峰：但是不是说你能把所有的问题解决。

闾丘露薇：没说要改变所有的问题。

刘安：有改变的个案，但我认为更多的是改变不了的，或者说表层上的。网络上出现的特别弱智的问题能改变，比如说某个局长在微博上跟人开房的事，这种事一下子就改变了，但是更深层次的问题咱们改变不了。

五岳散人：网络改变的恰恰是深层次问题，而不是表面问题，改变表面的全都是个案。原来有可能除了我们这帮有一定话语权的人，其他人根本就发不出声音来，但是现在大狗在叫，小狗也在叫。只要能够说出心里的东西就有改变，我的一个转发也可能是有用处的。

喻国明：也许这个小狗多了以后，大狗也害怕。

五岳散人：对。

喻国明：我经常给那些领导干部讲课什么的，他们现在经常说他们也是弱势群体，这对他们难道没有压力吗？

刘安：咱们得看它改变的方向和趋势，如果说都改变的话，我觉得远远没有做到。

曹保印：现在在改变当中。

闾丘露薇：这点想请教一下喻老师，比方一些官员或者一些因为在网络上发帖被抓起来的人，大家关注的是他的处境可能会有改变，但是大家一散开之后，事情马上又回到原位，这样的情况就会产生非常悲观的想法。

喻国明：人的关注有一些戏剧性的因素，比如说对什么天价、什么餐费的这种关注，也许过了半个月，公众的热情就会下降，但是如果这个问题没有解决，它会一而再，再而三地重新上演类似的故事。一个问题不解决，下一个有代表性的故事出来之后，同样会指向这个问题，当这个问题积累多了，社会解决这个问题的条件就开始成效。

闾丘露薇：喻老师比较乐观。

五岳散人：比如校车事件就可以看出来，校车是一步步解决的，先是校车出事，形成舆论压力，然后马上又出事了，再次形成舆论压力。

闾丘露薇：然后就出文件了。

五岳散人：要有特殊的路权了，要有这些东西，那这个事情不就是这么解决的嘛。

闾丘露薇：关于围观问题的调查结果，总的来说是乐观的，但是大家还是担心网络上良莠混杂，各种声音都有，很多时候谁的声音越大，占领的话语权就可能越大。

五岳散人：说得对，我们都看过那本书叫《乌合之众》，都知道这种传播其实是无效传播，只是形成一个声音去把对方声音压倒，我有时候就犯这个毛病。

闾丘露薇：学者出场。

喻国明：我把它理解为网络还处于孩童期，孩童期需要一个成长的过程。我做网络研究发现，所有产生极化现象的场合，大部分都是由于当事的机构或人用不理性的态度造成的，要不漫不经心，要不蔑视，要不就是用极端化的方式去压抑不同的意见。在这种情况下，人们就认为你没有听懂他的意思，没有听到他的意见，所以他要用更大的声音，更加具有爆炸性的力度来反抗，这就是极化性出现的一个最基本的原因。

资料：一项全球调查结果显示，中国每5个网民中就有4人写博客，或在各种网络论坛上交流互动，从论坛、博客到新兴的微博，网络声音已经渗透到每一个角落，然而万千网民通过网络发出的这些声音，有可能会成为宏大的时代交响，是否也有可能变成干扰人们追求真相与公平的杂音？

　　2011 年轰动中国的"药家鑫案"，让人们反思网络民意的双面效应。西安音乐学院学生药家鑫，在 2010 年 10 月驾车撞人后，连刺伤者 8 刀致其死亡，引起了网友们的极大义愤，而被害者家属代理人张显，发布的一系列关于"药家鑫是富二代、官二代，药家有很深背景"的虚假消息，更挑起网民对药家的语言暴力，攻击大潮，网络上药家鑫该杀的声浪滔天之后，使药家鑫以极快速度被判处死刑，而药家鑫的家人也因网民的攻击而饱受折磨，因张显发布的煽动性假消息，在药家鑫被执行死刑 6 个月后，药家鑫的父亲药庆卫正式起诉张显名誉侵权。网络民意是否可能被操纵甚至造假？粉群体的围观怎样彰显理性，围出正义？

　　闾丘露薇：今天请来了一位特别嘉宾——兰和先生，兰和是药庆卫的代理律师。

　　兰和（药家鑫之父药庆卫代理律师）：2011 年度最有影响力的一个案件，应该是药家鑫案，2012 年伊始是吴英案，两个案件有一个强烈的对比。吴英案是网友力保她的人头，药家鑫是网友力促杀他的人头，之前我跟所有网民一样，对药家鑫本身不是特别了解，一样产生认识上的误区。后来药家鑫处决的那天，中央电视台播了一个视频，对我的内心冲撞是非常大的，我们千夫所指的那么一个人，展现在我们面前的就是一个孩子，这时我们就开始反思，当时是不是一定要用这种暴力的方式去表达我们的观点。

　　闾丘露薇：当时你一度是要退出的，这个压力是来自于网络吗？

　　兰和：对，我给它起名叫"网络黑帮"，他从网络上造谣、人肉搜索，对异议分子进行攻击，完全是商业化的，他可以一夜之间把一个人干得天翻地覆，他已经影响到你的生活工作了，我到最后出庭之前，已经没有办法保证我安全出庭了。

第二次选择：

红方：网络上的民意代表了真正的民意

     索娜、王小峰

蓝方：网络上的民意并不是代表了真正的民意

白方：中立

     五岳散人、刘安、喻国明、兰和

王小峰：我不知道你们理解的这个民意是什么，我觉得就是老百姓的想法吧，老百姓想法就乱七八糟嘛，然后也没有什么太系统的东西，他们想干吗就干吗。代理律师那个调查还有40%多认为律师是在助纣为虐，这就是现实啊。

闾丘露薇：你觉得这就代表了大部分人？

喻国明：网络民意跟民意肯定不是一回事儿，但是有内涵关系，网络民意是民意的一种，但是不能代表所有人的想法，或者说是在相当大的程度上代表所有人的想法。真正可以上网的人群在中国不到40%，只有36%、37%的样子。即使他们全部都来表达自己的意见，也只是能达到40%左右的民意反映。

五岳散人：我们要分成两个东西来说，一个是舆论的影响力和它的民意表达能力，另外一个是巨大的沉默。如果真的有选票的话，大多数不上网的人才是真真正正能够决定我们国家走向的人。

闾丘露薇：我知道有官方机构做过一次调查，说真正上网的这些人不是想象当中教育水平那么高的，相当来说更多的是在小县城、小镇子里面，这些人在网上花的时间可能更多。大家觉得

中国人民大学舆论研究所所长 喻国明

这样的一个现实会不会造成现实生活的改变，会有什么样的影响？

喻国明：第一，虽然上网的大部分人群是中低层的普通老百姓，但是真正能够广为转发、广为认知的只是少数人。第二，在传统观念里面，对媒介的社会效果认识是有缺陷的，比如说情绪宣泄，我认为是个好的社会效果，今天的中国社会有这么多的社会磨合、社会板结化的情况，要想让社会保持一个相对的稳定，就必须有一个安全阀，要有一种代偿满足，让人们把怨气通过某种方式发泄出来。所以吐吐口水啊，发发牢骚啊，本身看起来好像不理性，但是对于社会总体来说，是安宁和健康的重要机制。

闾丘露薇：你是从社会稳定和发生渠道来看，但是对于被骂的人，尤其是知名博主们，感受就不太一样。小峰，你在网络上那么多年，死磕着骂你的人应该不少。

王小峰：每次看到有人在我博客后面留言或者是发邮件，或者说在他的平台上骂我，我没有仔细地统计过，大约90%的骂我的话，我都替他着急，他都骂不到点上。我记得我在2005年写博客的时候，有两个人专门开博客骂我，骂了一个多月，有时候他不更新我还去留言问他怎么还不更新啊。我觉得他那个特别好玩，他完全是骂一个他想象中的王小峰。

闾丘露薇：散人你很有经验，你经常跟熟的朋友在网上互掐，是不是骂人慢慢地会提升自己的思考技巧？

五岳散人：不，我觉得骂人是越来越熟练，但是思想上提高了多少也很难说，只是后来就是心态更好，比如说今儿我这个专栏写得不顺了，我就先骂骂别人，然后马上就觉得爽了，赶快写专栏去，就这么个路子，就是没把这个当回事儿。

喻国明：谁人不在背后议论人？其实议论人、骂人自古以来就存在，只是今天互联网直接接通到你的耳朵里面来了，这对人的刺激比较大，但是像散人说的，时间长了你就能接受了。我觉得对于一个普通人、知名人士跟对于一个政府，要求是不一样的，普通人可能耐受力低一点，政府耐受力就应该高一点，政府就是让人家鸡蛋里挑骨头，因为你就是为了老百姓服务的。

闾丘露薇：兰和肯定担心那些水军，觉得网络上民意是可操控的。

兰和：网络民意也是民意的一种表达方式，但是不赞同这种商业化的民意表达。

闾丘露薇：对，这是很多人所担心的，因为技术手段的问题，就像当年选超女的时候，大家可以跑到网吧里面付钱，然后大家在那里打金币。

王小峰：造假双方都可以，我觉得这个也是很公平的。

闾丘露薇：依据你的生活经验和判断你觉得是这样。

王小峰：对，相对来说比较客观。

喻国明：这件事情跟大家的关联度以及关联的人数范围有关，如果在一个小众化的事件上边关注的人不够多，操纵的可能性就大。

王小峰：对。

喻国明：如果说 90% 的人都关注的话，操纵的可能性相对来说就有限。

阎丘露薇：还有一点是大家都很担心谣言，这也是现在大家抨击网络的一个很大的理由。作为资深网友怎样去分辨谣言，你觉得谣言可不可怕？

王小峰：当我遇到各种求助，或者说看到有人贴一个什么东西的时候，我首先持怀疑态度。文化娱乐圈八卦比较多，有一个常规的逻辑变化，先把这个东西搞清楚了，基本上就没什么。

五岳散人：很多人在想我们是不是一定要监管啊？其实网络

自由撰稿人　五岳散人

有自清的功能，网络开放就一定有正面消息、负面消息，他们之间可以自我平衡，如果说都给它管死了，那只有谣言才会盛行。

喻国明：一定要允许有这样一个过程，即使是高专业水准的传统新闻媒介，也不可能一次性地完成对真实的再现，拿马克思的话来说：要用今天的报道来纠正昨天的错误，再用明天的报道来补充今天的不足。这是个过程性的东西，所以我们对于网络的真实不要用苛求的态度，要用新的认识、范式去把握它。

一句话总结：

索娜：围观诚可贵，持续价更高。

王小峰：网络围观，咸吃萝卜淡操心。

兰和：尊重网络民意，反对商业化的网民。

喻国明：围观，改变中国社会的开始。

五岳散人：网络已是生活，我们必须接受。

刘安：心怀理想，走过迷茫。

本期编导：湛立芳

5. 被"烤问"的城市

□ 2013 年 8 月 24 日

中国很多环境问题，其中"人祸"因素明显。

扫一扫 看本期节目视频

内容提示：2013 年夏天，历史罕见的持续高温天气席卷了中国大陆。据气象台资料显示，高达 40.6 摄氏度的高温，让上海刷新了 140 年以来最高气温纪录，杭州刷新 60 年来记录，全国有 1/3 以上国土饱受了烈日的袭击。由于天气过热导致的"热射病"，在短短一个月内，夺去了全国十几条性命。究竟是什么让我们的城市"发上了高烧"？有专家认为，城市中高楼林立，湿地消失、绿地减少、城市扩大，都导致了气温的升高。酷热的天气，真的和城市规划建设有关系吗？

本期主持人：

闾丘露薇

本期嘉宾：

俞孔坚　北京大学建筑与景观设计学院院长、哈佛大学设计学院博士

毛其智　清华大学建筑学院教授、世界人居学会前副主席

饶及人　美国龙安集团总裁、前纽约市规划局局长
杨东平　自然之友理事长、北京理工大学教育研究院教授
柳艳菊　国家气候中心首席专家
傅崇兰　中国社科院城市发展与环境研究中心创始人、当代城乡发
　　　　展规划院院长

嘉宾选择：
红方：支持高温天气与城市建设有关
　　俞孔坚、杨东平
蓝方：反对高温天气与城市建设有关
　　傅崇兰、柳艳菊
白方：中立
　　饶及人、毛其智

闾丘露薇：城市和气温到底有没有直接关系？

蓝方观众A：题目本身在谈论一个火炉天气，是自然的原因。我们不能特别片面地去强调人为的原因，人做错了什么？其实人并没有过度地做错什么，只是为了发展，我们不能忽略自然原因，比如说副热带高压，它就是在不停地加重火炉天气。

红方观众B：夏天当然有高温，但是火炉天气是一个异常的高温，这个异常，我觉得就是因为无序造成的。

杨东平：中国有一句话叫"天灾人祸"，很多环境问题，都可以从这两个角度去看，固然有自然气候这种宏观的原因，但是"人祸"也是非常明显的。比如说在大城市的中心区域，它的温度要比边缘高2、3度，这就很明显地说明了人类活动对气温增高的影响。

俞孔坚：全球气候变暖是个客观的事实，现在大多的科学家

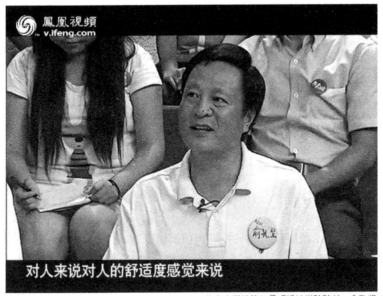

对人来说对人的舒适度感觉来说

北京大学建筑与景观设计学院院长　俞孔坚

都承认这个事实。城市热岛就是城市里头的温度比郊外要高，甚至高 5、6 度，这也是事实。所以城市环境对温度影响是很大的，因为这 5、6 度对人的舒适度来说，已经非常大了。

　　傅崇兰：我认为城市温度提升或者热岛效应跟城市规划建设有关系，因为建筑群集中、人口集中、车辆集中、二氧化碳排放集中、事物的颗粒不规则运动集中，温度就会升高。但是，城市本身并不能导致今年所遇到的大面积的极端高温天气，那就不纯粹是城市规划建设导致的。

　　饶及人：中国人口在 1949 年是 5.2 亿，现在是 13 亿；全世界人口在二次世界大战以后是 19 亿，最近是 60 几亿，马上就到 70 几亿，但地球的资源并没有增加，所以在这么多人类的行为之下，产生了很多对环境资源的破坏，造成很多的生态不平衡。但是最近很多科学家说地球变暖是一个阴谋论，法国 5 月份还在下雪，到底是变暖还是变冷？我持一个中立的态度。

闾丘露薇：毛先生，刚才饶先生强调的是人口增加问题，可能跟城市规划没有直接原因，最多有点间接的关系，您怎么看？

毛其智：到底热不热有一个生理的标准，也有心理的标准，在目前的社会发展过程中，很多人心急如火，但也有很多人心静自然凉，所以呢，我选择中立。

闾丘露薇：我觉得讨论气候问题，还是蛮科学的话题。

柳艳菊：今年高温天气有一个特点，就是持续时间长，1951年以来，这个现象都是比较罕见的，根本原因与全球变暖的大背景是有关的。

闾丘露薇：四川省气象局一位高级工程师20多年来，对成都的热岛效应进行了研究，证明如果城市有绿地、湿地、水域，对热岛效应有缓解作用。在过去20年里面，成都的热岛效应一度不断上升，到2003年前后达到最大，但之后成都大幅度增加了湿地和绿岛面积之后，热岛效应稍微得到了一些缓解。所以其实可以透过城市规划，让城市变得更加美好，让生活更加舒适。

柳艳菊：那可能就是说城市规划对局地范围的气候有一定改善，对全球来说不一定。

闾丘露薇：它无法改变全球的气候趋势。

柳艳菊：我们只能适应或者减缓这种趋势。

闾丘露薇：至少城市规划可以让我们生活的地方更舒服一些，城市规划能不能让热岛效应的发展减缓？

俞孔坚：不光如此，城市规划也影响全球变暖，不合理的城市规划导致自然系统的消失。比如说城市的下垫面，现在是水泥、沥青占了50%以上，土地本身有很大的热容量，对气温有调节能力，当被覆盖为水泥、沥青以后，这种调节能力就上升了，城市温度就提高了，这是生态系统破坏的一个指标、一个反映。意思就是城市规划和设计间接地影响全球变暖，直接地影响了我们居住环境的舒适度。

杨东平：城市人的出行方式并不完全是个人行为，而是城市交通系统的设置，是一个规划。是优先发展公共交通、地铁，还是优先发展小汽车？非常可惜，我们走了一条完全错误的道路。

闾丘露薇：虽然我们也承认城市的规划设计以及人类的行为方式，对于生态变暖是有关系的，但至少我们可以做一点事情让坏的影响少一点，对吧？

柳艳菊：城市化发展是人类活动的一部分，但是不是主要的，人类活动引起的全球变暖，主要还是由于化学燃料以及土地利用，这两块比城市规划可能更为重要一些。

闾丘露薇：土地利用跟城市的规划有关系的。

柳艳菊：但可能在研究的界定上还有一些差别，而且相对于

这种宏观的原因

北京理工大学教育研究院教授 杨东平

海洋和其他地区，城市面积对全球来说还是小一些。

闾丘露薇：那会不会是因为人大多数集中在城市。

柳艳菊：对对。

闾丘露薇：按您的说法，是不是人对整体的气候影响也比较小？

柳艳菊：这应该是局地的，可能会有一些影响。

饶及人：你们的观点一半一半我都同意，现在，整个地球城市化只达到50%而已，而城市的温室效应是整个地球都影响到。另外，风向散热很重要，如果建筑物在规划的时候把风向考虑在里面，风没有办法进来，就觉得热岛效应非常严重。成都透过绿化带跟水面的作用对温度的影响很显著，可以马上起到降温2、3度的作用，形成微气候，所以我觉得大型的气候我们影响不到，但是微观的气候是可以想办法控制的，所以城市规划是非常重要的。

闾丘露薇：您刚才讲到散风的问题，在香港一直有一个讨论，最近这些年屏风楼的出现非常多，为了更合理利用土地面积，所以我们的楼是越造越高，就像一个个屏风。

饶及人：还有龙卷风效应，很多城市是为了景观盖高楼，就会造成一个效应，就没有过堂风，加上其他的空气污染和人的聚集性，让城市非常闷热。像曼哈顿，规划就非常好，曼哈顿的建筑都是格子状，而且每个街道没有任何建筑物阻拦，所有的风都可以过来，非常好。不像北京，以前蓝天白云应该是生活的一部分，现在北京的蓝天白云变成我们照相的对象，觉得这种天气像中奖一样。我觉得在城市规划上面，是可以完全避免的，所谓的无序规划和有序规划最大差别是什么？就是当你不知道的时候，乱做就是无序；当你知道的时候，用科学方法去做就是有序，这就是为什么说规划是科学发展观很重要的产品。

闾丘露薇：毛先生，在规划上面，怎样做才能减少对气候、环境的破坏，怎样做才能对我们生活的舒适度带来一个正面的作用？

毛其智：从北京市的观测数据来看，夏季的时候，城市边缘和城市中心的地表温差可以差到 15 度到 30 度。但是，并不是所有的低温区都在城市的边缘，也不是所有的高温区都在城市的中心，在局部的城市规划中，我们可以努力创造很多舒适宜人的小环境，这是可以做到的。

　　资料：中国城市化建设正在以惊人的速度发展。2011年，中国大陆城镇人口所占比例就已达到了 51.27%，可以说中国一半以上的人口都居住在了城市里。在五千年华夏历史上，中国首次成为城镇人口居多的国家。走过这样一个历程，英国花了 200 年，美国花了 100 年，日本花了 50 年，而中国仅仅用了 30 年。在如此短的时间内，我国城市化发展是否存在本质上的问题呢？高温天气，是否在警示我国城市化建设急需改革？

第二次选择：
红方：支持中国的城市化建设需要改革
　　　　俞孔坚、杨东平、柳艳菊
蓝方：反对中国的城市化建设需要改革
白方：中立
　　　　毛其智、傅崇兰、饶及人

闾丘露薇：中国的城市规划最喜欢拿北京出来讲，毕竟它是首都嘛，有代表性。从北京 30 年的变化来看，会觉得中国的城市

中国社科院当代城乡发展规划院院长 傅崇兰

化规划和发展是惊人的，别人用几百年完成的东西，我们只要几十年。这好像说明我们走得太快了，当然这也是因为我们走得迟，可以去吸收别人好东西，不需要弯弯绕绕，所以走得快，也有合理性。

毛其智：不能把中国发展中的问题都扣在城市规划上，城市规划的作用是有限度的，不是万应灵药，城市规划没有普遍都适应的方案。比如说在纽约的方案和在北京的方案，由于自然条件、经济社会不同，是完全不可以照搬照抄的。

闾丘露薇：不需要和纽约比较，就说山西规划方案和北京的就不一样。

毛其智：所以每个地方都要因地制宜，我们有的时候啊，过于求全求好，把很多美好的愿望都寄托在某一项政策、某一个方案上。我觉得我们应该更广泛地理解全民城市规划，它不仅仅是一张发展蓝图，还包括城市发展的全过程，特别是城市管理、城市运行等各个方面。

杨东平：我们今天的城市根本就不是规划出来的，规划基本上都被否定了，才导致了今天的乱象。实际上从清华建筑学院到梁思成，到吴良镛，他们所有好的设想，都没有被实现过，是各种各样的权力、资本在说话。所以不要夸大规划的作用，更不能把所有的问题，都推到规划师的身上。

闾丘露薇：对，但是规划很重要对吧？

俞孔坚：同意杨先生刚才讲的，城市规划是一个学科，不能把它谈得太专业，我想把它泛称为城市建设或城市城镇发展。但我觉得国家要改革的话，必须认识到过去30年存在的两个很大的误区。第一，把城镇化理解为盖房子、建城市，大家都搬到城里去住，结果根本没有这个经济体制和社会体制。盖房子、盖城市没有盖在合适的地方，我们认为城镇化应该集中到珠江三角洲、长江三角洲、环渤海地区；都往有城市的地方去居住，但殊不知中国最稀缺的两大资源之一是耕地资源，中国的耕地只有国土面积的10%，好的耕地是中国第一大红线。

闾丘露薇：是18%。

俞孔坚：我们现在真正丰产的土地集中在规划要建城市的地方，这就导致过去30年侵占了大量的农田。第二，认为现在的城市应该在原有的城市上去发展，所以北京越来越大，上海越来越大，广州越来越大。由于原来的一些失误，导致城市集中分布在良田地区，恰恰是洪涝灾害最严重的地区，中国恰恰又是缺水国家，只有世界淡水资源的8%。每年抗洪、防洪投入100亿美元，实际上北京大学研究发现，洪水能够侵占的土地只有2.8%，也就是说即使不建任何防洪堤，也只能淹掉2.8%的土地，城市如果放开建，只需要5%的土地，那为什么年年要抗洪呢？这就是土地跟洪水争地了，所以这是城市大格局的不合理性。

　　饶及人：但是 2.8% 的土地是人口最集中的地方，未必是荒漠。

　　柳艳菊：我不是学城市的，我不知道该怎么改，但是我觉得伴随着城市的发展，环境问题越来越严重。比如说 2013 年年初北京的雾霾天气，包括华北的灾害天气，对人们的影响就比较严重。

　　闾丘露薇：能不能理解为城市规划可能对于整体气候的影响很小，但是对局地影响是非常关键的。

　　饶及人：这只是一个问题，超载跟超速是现在城市化最大的两个问题。我们都知道每个城市，都有个容量限制，不能超载。但以前大家都认为大就是好，高就是美，没有考虑到承载力。所以城市必须有次序地成长，跟公共建设和公共设施，以及将来的立法程序有直接关系，城市化是一个非常广大的学问。

　　俞孔坚：5 年前，我们受北京国土局的委托，做了一个"国土生态安全格局"，告诉你哪些地方是要被水淹掉的，后来被国土资源部接受。结果去年"7·21大水"以后，我们派学生去调查，结果死的 77 个人都在我们认为不应该建设的区域，这证明规划是对的，规划是可以解决这个问题的。遗憾的是往往这种科学规划不能被接受，不能被采纳，历史上有好多同样的悲剧，知道危险还要去建，这就是中国现在的通病。因为河漫滩的土地是最便宜的，是国家的国有土地，所以不需要去征地，结果你看我们的防洪墙越建越高，河道越建越窄，剩下的河漫滩都来建房子。我暑假走了几个城市，发现所有城市都是如此，悲剧性地告诉大家，淹死人是因为在不该建设的地方去建设了。建好的城市是不是可以改善呢？纽约至今还在改善。

　　闾丘露薇：我刚从纽约回来，又多了好几个新的那种建筑。

　　俞孔坚：纽约最近有一个项目，十年内补种 10 万棵树；洛杉矶也有个计划，如果种 100 万棵树的话，让 500 个家庭的屋顶变成绿色，它的温室效应、热岛效应、局地效应，可以减少3度，而它的总投资十年才花17亿美元。

饶及人：我觉得中国应该大力推广屋顶的绿化。

闾丘露薇：不应该造假山。

俞孔坚：但是它每年可以节省空调、就医的费用1亿美元，建好的城市即使是像洛杉矶、纽约这样的，仍然有很大的改造空间。

红方观众C：城市化运动中，应该要政治中心、经济中心以及文化中心相互分离、相互组合，一定要反对它的绝对集中，比如北京。

闾丘露薇：所以大家都会涌来北京，你会离开北京吗？

红方观众C：我本来是不想来的，但是地方资源真的是太少了，也是被逼的。

闾丘露薇：拿美国来说，投入的是纳税人的钱，所以它有监督，也比较烦，那在中国的话，它可能是政府行为，可能会比较有效，有没有这个担心？

饶及人：这个已经在改善，我在10年前就说，环境保护必须要列入干部的考核指标里面。很多的规划要靠意识上慢慢改善，以前的规划是没有意识的，所以纸上画画，墙上挂挂，还不如领导一句话。但是经过十六大、十七大、十八大，最近的领导有一个非常强烈的改变，他们把规划提升老百姓的居住环境列为一个比较重要的指标，我并没有说要改变中国的体制，只是要改善。

一句话总结：

柳艳菊：我希望我们的城市是一个绿色的、环保的城市。

俞孔坚：通过生态的考虑可以实现人的宜居环境。

杨东平：希望把我们现在的城市壁降到最低程度，能够变成一个清凉的、绿色的、田园的、生态的、文明的城市。

傅崇兰：我希望我们城市的水系越来越发达。

毛其智：我希望我们这个专业毕业的同学，走上工作岗位以后，抱的最高目标是为人民服务。

饶及人：假如你把这个城市当成你自己子孙后代要居住的城市，你的城市建设就会非常的好。

本期编导：高 淼

6. 拆二代

□ 2014 年 3 月 5 日

拆二代面临新的社会危机。

扫一扫 看本期节目视频

内容提示：他们大多出生在大城市郊区，继承了祖辈们留下的房产，恰逢城市发展机遇，因获得拆迁补偿而一夜暴富，人们称他们为"拆二代"。

得到拆迁补偿后，有些"拆二代"开始创业奋斗；有些却闲业在家，嗜赌成性。随着城镇化进程的深入开展，"拆二代"群体将会越来越壮大。是否越来越多的"拆二代"将要迷失在金钱诱惑中？是否有越来越多"拆二代"将难以在社会中立足？"拆二代"危机，是否来临？

本期主持人：

闾丘露薇

本期嘉宾：

王传涛　时事评论员

徐振宇　北京工商大学经济学院副教授

刘业进　首都经济贸易大学副教授

曹保印　《新京报》的首席编辑、评论员，知名作家

石述思　资深媒体人

张　荆　北京工业大学人文社会学院教授

嘉宾选择：

红方：拆二代已经面临危机

　　　　曹保印、石述思、张荆

蓝方：拆二代获得补偿合情合理

　　　　王传涛、徐振宇、刘业进

　　闾丘露薇：做个小调查，你想变成"拆二代"吗？直接一点，你想你们家被拆吗？解释一下，为什么？

　　白方观众A：就是有钱。

　　闾丘露薇：你为什么一开始不举手？

　　白方观众A：可能好多人想举，但是没人举，有点虚了。可我现在不虚了，我想有钱。

　　闾丘露薇：让人觉得，为了钱，我们家被拆也没关系。怕被人说不太好，他是很坦率。第二个问题，如果你们家没拆，你遇到了一个"拆二代"，会心动吗？

　　红方观众B：我觉得我会心动。但是前提是，如果这个男生有能力。那就更完美了。

　　闾丘露薇：他是"拆二代"是前提，还是他有能力是前提？

　　红方观众B：我觉得，首先他是"拆二代"，我才会注意到他。然后他如果再有能力，就更好了。

　　闾丘露薇：所以"拆二代"的成功概率就比别的人要高很多。问一下大家心目当中，"拆二代"是什么样的形象？什么样的人？

　　刘业进：我小区附近的"拆二代"，开着一个比较好的车，

凤凰视频

刘业进
首都经济贸易大学副教授
拆迁致富的话

首都经济贸易大学副教授 刘业进

跑黑车。爱跑不跑的，爱拉不拉的，也不勤劳。

　　闾丘露薇：这是人生境界，我们一直说打工最高的人生境界，就是赚钱买花戴。你呢？

　　蓝方观众C："拆二代"就是突然一下富起来了，买一些奢侈品，戴大金链子那样的。

　　闾丘露薇：你怎么看待拆迁暴富？

　　石述思：有隐忧吧。中国有一群人，天天自己过得不怎么样，但是为别人的生活操碎了心。有一首歌我给你改改，你就能听明白，也是一种社会心态。只要你过得比我差，我就幸福。

　　刘业进：这个数字恰恰折射出我们的心态是有问题的，对公正的理解是大有偏差的。

　　闾丘露薇：拆迁致富的话，你们怎么看？

　　刘业进：拆迁致富是公正的。

王传涛：做一个平均数的话，拆迁二代获得的利益补偿，应该是公平的。刚才隐忧那个问题，首先他这个富是一夜暴富。实际上一夜暴富对人的影响有好有坏，这是一个担忧。我对他们所拿了多少钱，几套房子多少钱，是完全支持的。

闾丘露薇：我们今天现场有两位"拆二代"，来跟我们聊聊，刚才听完他们对这个群体的印象，你怎么反应？

拆二代A：我是马上要拆了，还没拆。房子产权没有了，变成70年的了。原来我们的宅基地，是祖祖辈辈居住的，变成70年之后，房子就不知道是归国家了，还是怎么样。这是一个比较大的隐忧。说实话，突然给我这么一大笔钱，我真的不知道怎么花。我琢磨了一下，自己之前的一些想法都可以去实现了。我比较爱玩，有钱之后，想买一辆车，然后去全国自驾。

闾丘露薇：不上班了？

拆二代A：有钱了就是想上就上，不想上就不上了。我还想去做一些小的投资，毕竟这钱也有花完的时候，我计算过，如果说像平常那种家庭过日子，花个几十年差不多了。我这个后半生就不用去拼了，但是我孩子他还得去自己努力。

石述思：前提是得找对媳妇。

闾丘露薇：有没有想过，万一你投资失利，怎么办呢？

拆二代A：投资失利就失利了，怎么说呢，命里应该有，它就是你的。

闾丘露薇：你有没有……比方说我娶媳妇我要留一笔钱，我的孩子将来生出来之后长大，未来读书我要留一笔钱，有没有这样规划过？

拆二代A：规划过。

闾丘露薇：都够几十年了？

拆二代A：差不多吧。

徐振宇：我觉得他这个规划，恐怕要受到一代的约束。

拆二代 A：对，爸妈手里拿的，我们家我爸妈都比较在意我的意见。

闾丘露薇：一代受二代的限制。我们这里好像还有一位，在你们后面，你们发现了没有？

拆二代 B：我这个是已经拆完了，但是钱在我爸那，他更愿意把这些钱，大部分地存起来。

闾丘露薇：但是有没有担心？

拆二代 B：中国不像美国，中国人的本性就是有钱就存起来。

闾丘露薇：讲一讲这个担忧在哪里，有吗？

徐振宇：中国人普遍都面临着这么一个困境，就是，有了钱之后，把这个钱干吗去；不把钱存在银行，还有什么更好的渠道没有。

闾丘露薇：买房子啊。

拆二代：我们家已经分了那么多套了，已经够了。

曹保印：把钱存在银行里面，我发现大家都在嘲笑。对于这些拆迁户来说，他没有那么多的经验，也没有你们那样的学识，上当一次两次可能钱就没了，也不懂得理财，那么放在银行里边还是相对保险的。虽然说他不能够挣，至少赔得最少。

闾丘露薇：现场的两位嘉宾在成为"二代"之后，对待财富或者未来自己的生活，打算是很不一样的，所以我们来看一段小片。

解说：2014 年 2 月，北京一个"拆二代"因一夜暴富后深感空虚，深夜驾"黑车"抢劫。这名"拆二代"自获得拆迁补偿后，辞去了本职工作，偶尔开一开黑车。

抢劫、赌博、吸毒等等"拆二代"犯罪的个案，被人们所热议。是否有越来越多的"拆二代"感到迷茫与空虚？是否有越来越多的"拆二代"失去了追逐梦想的动力？是否越来越多的"拆二代"将要迷失在金钱的诱惑中？

闾丘露薇：看完之后，作为同一个人群，你有什么想法？

拆二代 A：我觉得这还是个别情况吧。

曹保印：还真不是个别的，它是一个相当普遍的现象。这个是抢劫去了，还有一些是赌博去了，另外一些是吸毒去了，有一些是包二奶去了。真的是非常非常多，已经成为一个非常严重的社会问题。因此你真的要做好准备，要不要辞去那份工作。

拆二代 B：我们家那边确实有这样的，拆迁以后分了几百万。但是他没有用到正道，去旅游的时候，无意之间去了澳门。到那边以后呢，没准被下了个套。他先开始赢了很多，但是第二年再去的时候，就侥幸心理，没准觉得我这次还是会赢的。

石述思：把"拆二代"拎出来说有一定道理，虽然堕落的不只是"拆二代"。但是"拆二代"他有一个特点，他是一夜暴富。他没有那个循序渐进的过程。

闾丘露薇：你们家以前穷吗？

拆二代 B：我们家以前没什么钱。我听我爸说过，他奋斗了那么多年，就挣过二十万，一下拆完了以后，钱就比他奋斗了十多年还要多。所以他不像富二代，也不像官二代。

闾丘露薇：所以今天我们一个话题，现在的拆迁补偿会不会太高了呢？因为有很多人再回看几年前或者是十几年前，早拆了的那些，再看现在的这些拆迁的，很多人会觉得这个差别蛮大的。

拆二代 B：拆迁多少，好像跟他的地理位置有关系。做钉子户的是有条件有优势的，所以人家给得多，这就造成有多有少。

曹保印："钉子户"这个词本身就带有一个歧视性的味道。假如我们家房子，我就要当钉子户，我就要一个亿，你给不给。你不给我就不让你拆，除非给我一个亿。

应该是一个公平的

时事评论员 王传涛

　　徐振宇：农民的地叫农民集体所有，那个地不是国家的。我们现在这个土地制度，国家非要通过所谓征收的手段把它变成一个国有性质。什么叫征收，首先第一要我同意；第二，要合理地正当地补偿。什么叫合理正当补偿，就是说我认为合理了你才合理。第三叫公共利益。但是中国的拆迁绝大多数连这三个条件的一个也不满足。

　　曹保印：现在我们讨论"拆二代"的时候，仿佛"拆二代"直接和一夜暴富画等号。事实上很多"拆二代"还和一夜贫穷画上等号。我们为什么不去想这个问题，就是因为房子拆了以后，他连家都没了。

　　王传涛：房地产是中国最暴利的一个行业，房地产商要从两个地方去获利，第一类就是房奴；第二类就是通过政府拆迁办。所以"拆二代"所获得的利益不会很高。

曹保印：我们不要觉得"拆二代"好像一下子拿了多少钱似的。他们现在手中拿的钱虽然是多，绝对数多，但是相对说是少的，他们应该得到更多的钱。

刘业进：一夜暴富，这个钱多，正不正当，我觉得有基本的判断标准。第一就是得到你应得的，就是正当的。什么是应得的，你的长相、资质、运气和你的努力，这些原因得的，非偷非抢的，都是正义的。第二点就是价高价低的问题，在市场里面，真实的价格来自于交易，价高价低的问题通过交易发现真实价格。

闾丘露薇：所以现在会不会"拆二代"这个概念一拿出来，就好像会给公众一个印象，说现在我们政府对拆迁户可好了？

曹保印："拆二代"不论是有钱还是没钱都是不幸的。他们有钱了，社会上说你看你们有钱就变坏。然后本身这个钱，未必是他应该得到的。所有人都只看到他们的钱，有谁看到过他们的心灵，有谁看到过他们的文化。

闾丘露薇：这个太深了。

曹保印：不，有些人总是觉得很深，正是因为我们缺少了这个深，所以说整个社会才如此一片浮躁。

闾丘露薇：我觉得石述思刚才是提出了这样一个问题，是跟这边是有点对立的。这边是觉得这个钱是理所当然的，是应该得到的。但是他提出了一个问题，是这本是一个不公平的机制。这样一个游戏规则之下，其实你也顶多是一个幸运儿。

王传涛：我记得芝加哥大学有位特别著名的培养过六个诺贝尔经济学奖的一个教授叫赖特。他说过一句话，他说取决于一生财富的因素就三个，第一个叫出生，你的出生状态，第二个就是你的努力，第三个恰恰就是运气。

资料：2013 年，《河南商报》对当地拆迁村进行采访时发现，"拆二代"两极分化较大。一部分"拆二代"勤奋创业，选择基层投资；也有很多"拆二代"组团"豪赌"，从富翁变"负翁"。"拆二代"群体，被社会大众贴上了"城市中的农村人"、"屌丝变土豪"等标签。"拆二代"的生活究竟如何？"拆二代"是否将被社会边缘化？政府是否需要引导"拆二代"如何利用手中的拆迁补偿？本期《全民相对论》全民热议"拆二代"。

闾丘露薇：介绍一下，这是《河南商报》的记者陈晓丽。这是你们做的采访。

陈晓丽：对，这是我们去年三月份的时候做的一个采访。

闾丘露薇：你们是怎么决定要选择哪个地方？

陈晓丽：其实当时就是，咱们片头出现的杭州拆迁女的地图，那是一个引子。

闾丘露薇：它的整体的数量，大概是有多少？

陈晓丽：这个数量，其实我觉得应该是跟每个城市的规模没关系，应该差不多。北京这边，包括杭州，每个区域其实都差不多。我们当时在采访的时候，遇到非常大的阻力。因为很多"拆二代"，他不愿意来面对镜头。他们其实不喜欢大家给他们"拆二代"的标签。包括大家刚刚看到的那个例子，就是特别特别极端的一个。为了逼他父亲给他买一辆百万豪车，喝了毒药。其实这个例子，当时引起特别大的轰动，但当时有一点大家不知道，他其实本来就是一个"富二代"，同时又是一个"拆二代"。因为他家是拆迁户，所以大家就特别夸大说，你看"拆二代"他有了钱之后，他不务正业，他要买豪车，要逼他爸。所以这个就是大家把他标签化之后出来的一个结果。

闾丘露薇：你们去采访的这些"拆二代"，他们的状态是不

资深媒体人 石述思

是比较多元呢？还是说真的就固定这样的。

陈晓丽：包括要买车的这个，包括刚刚说黄赌毒这个，真的是非常非常少的一些。其实大多数人就跟我们平常人一样，可能就是你身边一个上班族，拿两千工资。他家可能其实有十几套房子，可能赔偿款有几百万。但我们当时接触到的更多的人会选择自己创业。他们当时流传一句话，叫"家有百万不如有家破店"。比如说家里，赔了这个钱之后，他们就出租一部分，但同时就会开一些洗衣店、网吧、理发店、服装店，这些非常基础的他们能做的。很愿意自食其力的，占了相当大的比例。

张荆：我们春节的时候也去拜访了一下。我们插队时候的老书记，他也是拆迁户，拆迁以后他是分了六套房，他们都是靠房租，吃房租来维持生活。

闾丘露薇：其实这样的情形，在世界各地蛮多的。

石述思："拆二代"背后最主要的资产还是拆迁房，而不是货币的补偿，货币存银行以最少的方式也在贬值。做各种冒险的投资，贬值额可能更大。一夜暴富后最主要做的，就是把他的房子牢牢地守住。但是有一个问题，有了这个房子，他是已经踏实了，但是他还有一些巨额的补偿。在这个背景下，结合了社会整体的浮躁，责任感、使命感比较差等情况，这里就出了一个社会问题。其实我们今天是冲着社会问题来的，我们应该对这些社会问题保持宽容。

闾丘露薇：对，成为社会问题，它是需要有足够的数量去支撑的，然后形成了一个现象。这从社会学去研究比较严谨，那其实，现在"拆二代"真的已经成为一个社会现象，还是仅仅是媒体对这个概念的炒作？

陈晓丽：当时我们考虑第一个是有趣。我觉得其实大家说"拆二代"危机，其实危机并没有那么严重。"拆二代"跟"富二代"的区别就是，"富二代"他可能本来一直是在一个非常富裕的环境里面，但"拆二代"他可能是一夜暴富。大家担心的点在于，他们中间有很大一部分的人文化程度没有那么高，担心他们可能没有地方去花，或者怎么样。但是实际上，因为他们上一辈知道那个辛苦，所以他会控制自己的子女，你们不要去特别去乱花，或者怎么样。

闾丘露薇：所以和"富二代"的父母相比，"拆二代"的父母有的时候可能更知道怎么样去对待这个事。

陈晓丽：对，更知道怎么样去节俭。

徐振宇：我们现在是在替别人担心，是吧？如果你是"拆二代"，你会不会担心你的钱怎么花？

闾丘露薇：这两边好像是一样的，对吧？

曹保印：这还真不是为别人担心，还真是为自己担心。

徐振宇：我觉得这个真没必要。

曹保印：非常有必要。我刚才说了，第一，我们每个人都有可能会成为"拆二代"；第二个问题，就是"拆二代"是否出现了问题。

石述思："拆二代"如果要成为社会问题，他得有一个情况。

徐振宇：这三点我反驳一下。

石述思：他的行为如果伤害了第三者的利益，尤其伤害到公共利益。

闾丘露薇：你的意思是说有的成了公共危害，就是有一些。

石述思：就会有……就会有适当的社会干预介入。

徐振宇：其实我说媒体采访的这个情况都是个案，有谁调查过占了百分之几的人去抢劫去了。百分之几的去干坏事去了。

石述思：你这个我部分认同。

徐振宇：你没有充分的证据的情况下……数据的情况下，你凭什么这么说。

曹保印：如果两个家庭，我们还说它是个案，三个家庭，我们依然说它是个案。那么什么时候，我们才能不个案下去。

张荆：我同意曹老师的意见，就这个钱我自己拿我知道怎么花，但这个问题的话，因为我们在国外待了很长时间，国外也存在着这种城市变化，工业化带来的"拆二代"。拆迁使他们家获得了一大笔钱，那不完全是靠自己花的。那么政府的引导和自己的选择，都是非常重要的。

闾丘露薇：举个例子，哪个国家有政府引导？

张荆：日本就有这样的，比如说搞一些培训。

闾丘露薇：这个就是负责任的政府么？

张荆：所以他要做一些培训。

闾丘露薇：我明白了。

张荆：要有人引导，然后最后他们成为整个国家中产阶级的砥柱。

王传涛：这和政府的干预，混淆了两个层面，第一个层面就是石老师刚才说的那个破坏公共利益的事情。

闾丘露薇：这种违法就要执行。

王传涛：关于"拆二代"的问题上，我觉得政府什么样的情况下才能干预，就是他侵犯了个人财产的时候。

闾丘露薇：有法必依，这本来就要做的。不管你是什么人，不管你是"拆二代""富二代"，我也反对的，对吧？

王传涛：这是需要干预的，和公共利益和公共秩序有关的，这需要干预的。第二个个人的钱应该怎么花，这是个人自由，一个政府是无权干涉别人是高尚还是低俗的。

曹保印：我补充一点，别人是无权干涉你是高尚的还是低俗的。但是我们所谓负责任，也就是不仅要对这个人的经济负责，也要为这个人拆迁而造成整个生活环境的改变负责。政府自然可以来做到这一点。

石述思："拆二代"的喜怒哀乐是不是该得到社会的关怀？

闾丘露薇：我们让观众发一下言，好吧，说一句。

石述思：就说这是一个奢侈品。

曹保印：好，句号。

蓝方观众：我认为在社会主义市场经济条件下，"拆二代"获得赔偿款其实就是他的土地要素所得到的一种分配，这是合理的。首先就应该端正地认为这个钱就本该是我的，就是通过正当的市场调节来分配得到的。过多的人认为他自己是不幸的，其实这是一种消极的社会影响。社会应该多一些正能量的引导。如果说政府应该有引导的话，我觉得也是人文关怀层面的。

刘业进：我们引入政府这只手的时候，一定要注意政府的这种家长主义关怀，比如说一个怪兽来控制你的生活，这种危害远比……

曹保印：谁说要引入政府？！

闾丘露薇：消停一下。这个问题我们要严肃一点，结束我们今天的讨论，就是说刚才举了例子，政府应该要有引导，所谓的引导我觉得不是舆论上的什么树立正面形象；至于培训，这里面有两个出发点。我相信日本政府的出发点，就是说我要给你更多的长远的让你谋生的考虑，因为你的钱是会用完的。但是有一种出发点是你要听我的话，政府告诉你这个钱可以这样用可以那样用。这就是两个完全不同的出发点，但在中国有可能会变成后面的。如果你们主张要政府去介入的话，它很可能是变成后面说的这个。

曹保印：我们要警惕后者。

石述思：我用李克强总理的话来减低一下闾丘老师的担心。你看新政府成立以来，我们推出的口号是简政放权，回归市场。当然在"富二代"、"拆二代"的问题上，叫回归社会。法律赋予社会更多的职能，我们即使要干预，也要用现代的文明的方式。今天通过拆二代的问题，暴露的是整体的趋势。在社会、经济高速发展的过程中，过去的传统的所有的社会管理型的组织、服务型的组织，分崩离析，但新的没有建立起来。"拆二代"也遇到了同样的问题。

王传涛：我们把"拆二代"定义成一个群体的时候，因为他用"二代"两个字，因为我们对以往的所有的二代都是……

闾丘露薇：比较贬义的。

王传涛：刚好契合这点。

一句话总结：

王传涛：每一个个体，都应该自己过好自己的日子。

刘业进：从补偿款过低到"拆二代"的出现，是文明的进步。

徐振宇：有恒产者有恒心。

石述思：所有中国的"二"们，只有变成奋斗的"一"，才有希望。

张荆：责任。

石述思：拆出权利新中国，给这些"二代"们更多的权利保障。

本期编导：刘　柳

7. 专车生死战
□ 2015 年 3 月 12 日

"管"字当头，还是服务当头？

扫一扫 看本期节目视频

内容提示：2014 年，被称作"移动互联网改变中国城市交通的变革元年"。这一年，随着滴滴专车、快的专车、人民优步等众多互联网专车的推出，人们的交通出行迎来了"私人订制"时代。然而，这一互联网创新产品尚未发展成熟，却已先触碰到法律壁垒。据报道，去年 12 月至今年，北京、上海、济南、青岛、淄博、沈阳、南京、重庆、天津、杭州等十个城市叫停了各大打车 App 的专车服务，并被交管部门定性为"黑车"。

本期主持人：

闾丘露薇

本期嘉宾：

王利峰　AA 租车 CEO

杨铁巍　司机管理公司总经理

石述思　知名评论人

张国华　国家发改委城市中心综合交通研究院院长
施　杰　全国政协委员、律师
朱平豆　滴滴公司副总裁

嘉宾选择：
红方：支持政府叫停专车
　　　王利峰、杨轶巍
蓝方：反对政府叫停专车
　　　石述思、张国华
白方：中立
　　　施杰、朱平豆

　　王利峰：我觉得叫停是一种管理手段。它其实是市场更加规范化发展的一种途径。

　　闾丘露薇：大家可能会有一些疑惑，一家专车公司的……就是这个行业人为什么站在了支持的位置上，稍候我们会再继续讨论。

　　杨轶巍：我们是希望这个市场规范化，尽快地让这个市场变成一个合法合规的市场。

　　石述思：中国所有市场的悲剧都是政府瞎管理乱管理胡管理导致的。我觉得如果"管"字当头，不如服务当头。

　　张国华：我们要相信市场，让市场在我们交通资源配置中发挥决定性的作用。

　　施杰：所有的制度性的规范都应该保障大家更方便地出行。为了保证大家出行，我觉得所有的管理都不应该存在。

　　朱平豆：得道多助，失道寡助。

　　闾丘露薇：我坐过一次专车，服务不错。我们要问问这边的朋友，为什么有种太糟糕了的表情？

红方观众A：每次坐它的体会是不一样的。像第一次坐的时候我觉得感觉特别好。司机都是西装革履，甚至说给你服务开门，各种到位。如果出现了意外，出现了纠纷，谁来解决，是否能够更好地保证消费者的权益，我觉得这个东西是不知道的。而且对于一边倒的消息，我觉得还是应当比较审慎。像今天突然一边倒会不会有一些过于狂热了，还是说我们必要的时候，还是应该停下脚步好好地去进一步规范一下？

闾丘露薇：那你还打算坐专车吗？

红方观众A：目前的趋势来讲，我会更倾向出租车。因为专车越来越多，个人觉得可能会有鱼龙混杂的情况。

闾丘露薇：支持的朋友，你们哪位分享一下坐专车的这个感受？

蓝方观众B：首先我觉得专车在服务上特别周到。帮开车门帮拿行李的时候给我一种……就是蛮像公主的感觉。这个应该是一般女孩子都喜欢的。当然这里面肯定会有一些各种各样的问题，那么可不可以有一种规范化和安全化的管理，告诉我们说如果出现问题我们应该怎么样去做。我觉得专车的出现其实也是给出租行业提供了一个启迪，是不是应该更加网络化方便化，然后服务更加周到化。

闾丘露薇：还存在着问题，还存在鱼龙混杂，或者说一些像那边朋友担心的情况，你还会继续用专车服务吗？

蓝方观众B：我觉得我还是会继续支持的。

闾丘露薇：接下来是从王先生开始讲起，你们的公司就是从事租车业务的。那这个租车业务跟我们今天讨论的这个专车是不是画上等号的呢？

王利峰：我们在做专车的时候，专业的司机，服务很好。这

那么它其实是让这个市场

AA租车 CEO 王利峰

是他们服务的一个最基本的标准。而这个背后更高的要求是什么？我更愿意看到背后的那个责任。那个责任是什么？其实是安全。因为我们不像做电商，你去买件衣服你可以退货你可以换。我们其实在做一个交通出行的业务。你把你的最重大东西——生命，放到车上，放到一个司机的手里面去，我们就要这么看待了，比这些基础的服务更尊享的服务，一定是安全。

闾丘露薇：那你说你们公司是做专车的，那你怎么样规避了你刚才提出的这些问题？

王利峰：我觉得首先还是规范化的管理。你对车辆的管控权是怎么样；你对司机的管控权是怎么样；你对这个用户之前……在用车之前他的信息传递的安全性是怎么样；一旦出了交通意外或者出了一些意外事情的时候，那你背后的这个保险、赔偿、责任划分这种机制到底该怎么样。所以我相信在做专车的时候一定要把这些事情提前想清楚。然后从模式上，从根本上，从职责上面去做，从开始就规避风险地去做，才有可能……

闾丘露薇：所以滴滴打车有没有做到这一点？

王利峰：滴滴跟 AA 的这个运作的模式完全不一样。

阎丘露薇：王总认为，你们的模式和他们的是不一样的。那你觉得你们的模式有没有做到，比方说安全、管控权？

朱平豆：可以负责任地讲，我们的安全只会比他们更好，而不会差。通过大家的使用，滴滴专车已经深入人心了，大家都知道它很好。但是在座有几个人坐过 AA 租车，大家已经用脚投票了。所以我觉得这里面没有什么好争论的，谢谢。

阎丘露薇：稍候再回应。我们再听听学者们的意见。你们是做研究的，刚才听到两位……其实是行业里面不同的模式业界的人的表述。

张国华：滴滴、AA、快的等一系列，是利用移动互联网大数据云计算建立了一个新的 APP 平台。已经把我们传统的出租车这种价格管制、垄断经营的理论基础打消掉了。未来的出租车和我们的这个专车怎么融合，去走出一条创新的道路来，那可能需要我们进一步讨论。移动互联网已经对我们传统的行业带来了一种颠覆性的革命性的认识。

国家发改委城市中心综合交通研究院院长 张国华

闾丘露薇：刚才这边反对的意见，其中一个很大的问题是监管。它并不是说要取消专车，如果我的理解没有错的话，是怎么做专车的问题。认为目前的状况是不太理想，所以你们觉得政府应该出来管一管了。我能这样理解吗？

朱平豆：是的。

石述思：我几十次坐专车经验，没有坏人，比出租车厚道。上下班，高峰期，刮风下雨，你拦下出租车的空车他就会告诉你，兄弟，对不住，哥们换车了，换岗了。我赶上过几十次换岗。每次都是恶劣天气，都是属于乘客最需要的时候。咱们都别隔靴搔痒，什么专营特许，形成一个非常见不得人的利益共同体。送各位受过委屈的乘客和坚持错误观念的专家学者一句话，认真阅读一下政府工作报告。政府工作报告对政府的管理是有要求的，法无授权既不可行，明确的法律给我拿出来。人家不是出租车，人家叫专车。法无禁止尽可行。政府唯一要做的事不是禁止，是赶紧做好服务，让我们的专车平稳上路。这才是人间正道。

闾丘露薇：您在回应之前，我想找一位出租车司机。

出租车司机：我认为您刚才说得挺好。我们并不是说把专车一棒子打死，在出租车里面我认为绝大多数还是好的。在哪个行业都有极个别的，我们出租车司机也是这样。所以说我并不是说不支持这个专车。因为这个专车个人的负担太重，一旦出现了交通事故，我怕个人消化不了。

朱平豆：我负责任地告诉这位老师傅，我们这个司机承担不了后面由我们公司来承担，我们有一个保险体系。

出租车司机：如果咱们再加上大量的专车，咱们这个交通还怎么走？有没有这个问题？

张国华：这个我来回答一下好了。

石述思：这个应该减公车。

司机管理公司总经理　杨铁巍

张国华：这个城市到底需要多少辆出租车？我请问这个问题在座的有谁能回答清楚。因为它本身就是我们计划经济时的一个产物，市场充分竞争它会回答清楚。

石述思：如果专车真像红方所说的那么不堪，它是市场经济的产物，那我觉得废掉让他们废。好的政府面对这个担心一定会提供好的服务，一定推动立法的完善。

闾丘露薇：我们先听听杨先生的，这边已经讲了很多。

杨铁巍：我听着大家说的都很激昂。我们是真正亲身参与到专车服务运营中的从业者，是从专车服务当中得到好处的。但是专车服务中大家知道黑车占多大比例吗？我不敢说这个数字，因为我没有权威的统计。政府查黑车的时候是不分哪些是正规的车哪些是黑车的，它都会拿去查。那么它查的时候会不会给我们正规运营的车带来麻烦？我们打车的同时，他们也分不清哪个是黑车哪个是专车，对吗？对于乘客来说，他分不清的时候要不然就是一概地拒绝，要么冒险乘坐。当然黑车不都是坏的，也有想从事运营的，但是这里面确实存在一个违法的问题。而且黑车的存在是影响我们所有的专车服务平台的形象和品质的。

闾丘露薇：当事人，您自我介绍一下。

吕欧：我姓吕，叫吕欧。现在是供职于网络专车最大的平台。司机本身是一个高危的职业，此外我们每天要考虑，今天怎么办，明天怎么办，今天机场可能有人查车咱们别去，可能明天又出现这样一个问题。所以其实我们心里很不稳定。作为专车司机，他们进入这一行也是希望找到一个合法的、相对比较稳定的工作。主要还是为了养家糊口，而不是说到这儿找刺激来了。所以整体上来讲压力也是比较大的。我们专车平台上运行的车基本上都是在 20 万以上的车，而出租车基本都是 7 万块钱左右的车。实际上来讲确实安全系数较高，服务性也较高。

我既是一个实际的服务者，也是一个专车的乘坐者。我可以这样讲，每次出去打专车，上车一瞧就知道这个不是我们系统内的车。

施杰：刚才接着我们这位大哥的话，我觉得应该是这样来理解。就是说，有很多非正常的车辆，上路运行了。那么我们回到今天更应该关注的这个话题，现在的政府调控，就是说现在是什么叫许可经营，李克强总理讲的开门办事，这一届政府开门办事第一件大事就是简政放权。放开这种特许经营是不是会影响国家安全？不会吧。会不会影响我们的社会稳定？包括这个司机，没有许可经营的这些司机们，他们处于一种恐慌状态。在现有法律状态下，行政执法人员只能依照现有的法律制度来履行他的职责，否则他叫失职。包括我们各方都应该积极去呼吁，包括提案议案，包括我们这个张院长在研究过程中也应该积极推动它。这才是我觉得我们应该积极去做的事。包括刚才讲的，以前我用滴滴打车软件觉得挺方便，经常出差到北京，打车打不到，坐地铁我也不知道往哪儿坐，是件很痛苦的事，于是用滴滴打车软件，这种软件实际上并不影响出租车经营的资格。软件你放到合法的有资格的经营车辆上面,这样我觉得没有问题。并且我能够采取很便捷的现代化交通方式。我在某一个地方你几点钟来接我,这样也提高了效率。如果公共交通方便了,很多人是不愿意去买车的。正因为我老出门打不到车,赶车也赶不到,怎么办。就算有私家车,更多的车堵在路上了。

朱平豆:用一句话帮他总结,是在两会期间我们的政协委员他呼吁说,我们专车要实施备案制,对这个,我们非常感谢。

施杰:他们也希望取得合法的。

朱平豆:我们也希望。

石述思:所以说今天核心的命题已经出现,处于某种无奈,王总和杨总很委屈。那就证明管理出了问题,需要做出调整。而且要依法做出调整。一帮愿意接受新兴市场服务的人被打击,出行受到严重影响,这是一个双输的辩论。所以我今天希望今天所有的人,为双赢做一个努力。

闾丘露薇:大家一谈到叫停专车,就把专车的发展空间也一并地打掉了。所有这个情况专车也是受害者,大众也是受害者。没有专车了,我又打不到出租车怎么办?所以刚才施先生提出了一个建议,未来采取备案而不是许可制。这样我想各位也同意专车健康有规律地发展。这样对大家都是有好处的。

资料:3月12日,交通运输部部长杨传堂接受采访时表示,出租车行业是开放比较早的行业,不存在政府垄断;而当记者提问:"现在很多专车使用私家车运营,您觉得私家车能进入专车运营吗?"杨传堂回答:"永远不允许。"

争论持续发酵,租车市场真的能够满足专车运营需求吗?国人出行难的问题,只靠租车公司能够解决吗?大量

闲置私家车专车能否洗白成为高品质专车呢? 全民热议专
车未来发展。

第二次选择:
红方:支持私家车加入专车平台
　　张国华、石述思、王利峰、朱平豆
蓝方:反对私家车加入专车平台
白方:中立
　　杨轶巍、施杰

杨轶巍:实际的矛盾是,是不是让黑车加入运营。

闾丘露薇:私家车。

杨轶巍:第一,车是大量不够的。正规的租赁的车远远不能
满足我们社会需求,不能满足我们的乘客。第二,是司机的问题。
司机是一个高危行业,他驾驶着一台机器,他有可能发生各种事
故甚至出现危害。所以司机的管理也是特别需要注意的。

闾丘露薇:我想请这边嘉宾来提一些怎么规管的建议,具体
的方法。张先生先开始。

张国华:国家发展进入了一个新的阶段,创新驱动是没有人
质疑的。但是怎么去理解创新驱动?第一,创新肯定是和冒险相
伴而生的。你要做这个行业,就要去顶着这个风险。现在最需要
关注的是将来的信息安全问题,因为大量的出行带来了巨大的信
息。这个信息哪些是属于真正涉及国家安全的、政府需要监管的?
任何一个新生的事物出现,就像一个新生的婴儿,诞生的时候肯
定有这样那样的小毛病,但并不影响他代表我们国家未来创新驱
动发展的大方向。

闾丘露薇:所以政府层面要做的,是保障每个个人的权益不

因创新受到损害。但是具体的创新的经营模式就由市场和业界自己去进行创造。接下来就是你们两位选择，是否把私家车纳入到专车的行列。PK 一下。

王利峰：我在做选择之前其实听到主持人有很大一个前提，就是让私家车加入运营体系里面一定是在安全和规范管理的基础之下的，是否同意？我觉得我是支持的。

闾丘露薇：您觉得做到怎样的程度，就认为是安全和规范了？

王利峰：以前没有专车，每个人手机里面都有黑车司机的电话。为什么会有，因为用过，用得多了，熟了，信任建立了。但是现在，我们专车平台通过自己的管理手段，通过技术的创新，已经为乘客优选出了一批五星的服务好的司机。他们会把服务做得更好。我相信这是 AA 的管理体系，跟 AA 的低密系统异曲同工。只是在创新点上、技术应用上面可能不太一样。那这可能是我们通过技术手段去加强安全规范的一种标准。虽然仅靠租车企业、劳工公司或者专车平台，都不能完全解决掉安全问题。那么通过保险公司、司机和劳务公司，各司其职，然后共同去制定行业的标准，就显得更为重要了。

朱平豆：如果我是私家车，我通过考核以后获得专车司机的资格。上班的时候顺路，我带两三人，就把很多人运送到目的地去了。因为中国城市有个非常大的问题，上班一律往市中心走，下班一律出城。道路是不够用的。所以就导致了我们现在的交通状况，它几乎是一个死结，是一个癌症。

闾丘露薇：我认同这个好处，但是怎么确保它的安全？

王利峰：我觉得任何的一个行业，它的成本和效率都是完全结合在一起。而互联网之所以能够快速地发展，就是因为它的传导效率非常高。有一个数据我相信行业人都知道，就是我们出租车行业的出租率非常低，60% 都不到。那意味着 40% 多的这个车

现场嘉宾（左：石述思 右：张国华）

辆是被闲置下来，而每一天都是成本。对于专车平台来讲其实更多还是背后的技术和数据，去做调度去提升这个传统的效率。这是一个行业的发展，更是一个技术的发展。最主要是相信它是社会规则的变化。

施杰：我们一直呼吁政府简政放权，就是应该让所有符合安全条件的车辆，进行登记后，可以从事运营活动。

闾丘露薇：因为反对这边没有嘉宾坐在这里，我们来听听从业者的观点。

蓝方观众：出租车也好，专车也好，是一个职业，也是一个行业。这不是全民皆商的问题。还有具体很多规矩。出租车仪表台是不可以摆放物品的，谁能约定私家车不摆放东西。这个标准，这个规矩谁去监督谁去检查？你能监控到你的私家车里真的合规，按照你的要求去做吗？

闾丘露薇：这提出一个专业性的问题。回应一下，石先生。

石述思：你不是难为我吗？我的素质就相当于乘客。

闾丘露薇：对。从你乘客的角度。

石述思：这个标准谁来定，我建议行业协会。

闾丘露薇：行业协会。

石述思：依法来确定。政府就制定专车发展规划，保证规划顺利实施，制定出租车行业改革计划。责任主体明确，个人责任主体明确。专车司机您挣钱了，您作为主要运营商承担所有的责任，也直接跟我们的顾客打交道。我相信再加上技术带来的方便，未来中国的专车市场是非常美好的。而且能够跟出租车形成非常有效的平衡。

通过提案，把描绘的一切回到法制的平台。依据法规来进行。

一句话总结：

王利峰：安全出行，规范化管理指引创新发展。

朱平豆：我们觉得今天的使命就是解决用户的痛点。

张国华：移动互联网让出行更高效。

石述思：一切伤害用户利益的监管都是耍流氓。

杨轶巍：责任共担，共同呵护市场的创新。服务司机，司机服务更美好。

施杰：政府简政放权，市场依法经营，让司机们放心。

本期编导：陈木子